problem solving kids

世界一やさしい
問題解決の授業

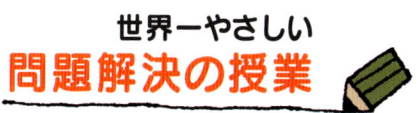

渡辺健介

ダイヤモンド社

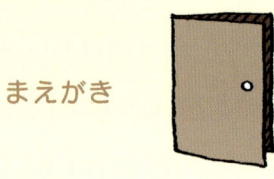

まえがき

　みなさんの将来の夢は何ですか？　今どのような悩みがありますか？　壁に直面したとき、自分の力で乗り越え、人生を切り開いていけるという自信はありますか？　それとも、あきらめてしまいそうですか？

　この本で紹介する「考え抜く技術」、そして「考え抜き、行動をする癖(くせ)」を身につければ、たとえば苦手な教科を克服する、部活でよい成績を残す、文化祭を盛り上げるといった、日常生活で直面するさまざまな問題を解決できるようになります。そして、自分自身の才能と情熱が許す限り、夢を実現する可能性を最大限まで高めることができるようになります。

　つまり、自ら責任が持てる人生、後悔しない人生を生きることができるようになるのです。

　どんなに大きく複雑に見える問題でも、いくつかの小さな問題に分解すれば解けるのです。一度そのことに気づけば自信がつくし、前向きになるし、精神的にも余裕ができます。そして、自ら考え、決断をし、行動することの楽しさを知り、人生を切り開くために必要な癖

が身につくのです。

　この本で紹介する問題解決の手法は、ぼくがかつて働いていたマッキンゼーという経営コンサルティング会社で活用されているものを基にしています。マッキンゼーは企業の社長さんや政府・非営利団体のリーダーの方々にアドバイスをする会社で、日本や世界を代表する企業の戦略を立てるときにも、この手法が使われています。それだけでなく、これは個人の問題を解決するためにも必ず役に立ちます。

　ぼくは22歳でこの思考法と出合い、そのとき、「これが『考える』ということなのか！　なぜこれをもっと早く教えてくれなかったんだろう」と強く思いました。そして、なるべく多くの人にこの思考法を伝えられればと思い、この本を書くことにしたのです。

　この本では、最低限必要なものに絞って、シンプルに紹介していきます。

　1限目では、自分で問題を解決することのできる人を「問題解決キッズ」と名づけ、それはどのような人なのか、問題解決の流れはどのようなものなのかを、ひととおり説明します。

2限目では、中学生バンド「キノコLovers（ラバーズ）」がより多くの人にコンサートに来てもらうためにはどうすればよいかを、問題解決の手法を使って解く例を紹介します。
　3限目では、ＣＧアニメの映画監督になることを夢見るタローくんが、まずパソコンを手に入れるために具体的な目標を立て、達成する方法を考え出す例を紹介します。
　問題解決能力を身につけることは、けっして、人の感情がわからない「冷たい論理的な人」になるということでも、口が達者で自分のことしか考えない「個人主義で身勝手な人」になるわけでも、日本人的なよさを失い「欧米的考えをする人」になることでもありません。
　自分の力で考え抜き、行動をする人になる、自分の力で人生を切り開く人になるということなのです。
　さあ、一緒に問題解決の思考法を楽しく学びましょう！
　みなさんも一歩踏み出す力がきっと身につくはずです！

contents

目次

まえがき……002

1限目
問題解決能力を身につけよう

自分で考え、行動する……010
こんな人たちを知りませんか？……011
問題解決キッズはすごいスピードで進化する……017
そもそも問題解決って？……019

tool　分解の木……026

2限目

問題の原因を見極め、打ち手を考える

お医者さんのように診断し、治し方を考える ……034
中学生バンド「キノコLovers」を救え！……035
1A　原因としてありえるものを洗い出す……038
1B　原因の仮説を立てる……040
1C　どんな分析をするか考え、情報を集める……043
1D　分析する……050
2A　打ち手のアイディアを幅広く洗い出す……057
2B　最適な打ち手を選択する……061
2C　実行プランを作成する……066
「キノコLovers」のコンサートはどうなったのか？……070

tool　　はい、いいえの木……046
tool　　課題分析シート……048

3限目

目標を設定し、達成する方法を決める

ひとつの大きな夢を、いくつかの小さな目標に置き換える……074
パソコンを手に入れるには？……075
1　目標を設定する……076
2　目標と現状のギャップを明確にする……078
3A　選択肢を幅広く洗い出す……080
3B　選択肢を絞り込んで仮説を立てる……083
4A　仮説に沿って情報を集める……090
4B　データを分析し、チェックする……092
あとは実行するだけ！　でもそれが大事……103

tool　仮説の木……087
column　意思決定ツール……105

あとがき……112

1限目
問題解決能力を身につけよう

自分で考え、行動する

　問題解決能力があれば、自分で主体的に考え、決断し、行動することができます。壁に直面してもすぐにはあきらめず、自分の力で乗り越える。夢や目標を見つけたら、才能と情熱が許す限り、実現する可能性を高めていく。そんな人たちを本書では「問題解決キッズ」と呼びます。

　これは持って生まれた才能ではなく、「癖(くせ)」なのです。自分の力で考え、行動するという経験を積み上げていくと、「考え抜く癖」「前向きな姿勢の癖」がついてきます。

　こうした癖が身につけば、目標を見つけたときに実現できる可能性がグンと高まります。勉強や進路の悩みを解決するとか、将来の夢をかなえるのに役に立ちます。そのうちに自分の問題だけでなく、環境問題など、大きな社会の問題も解けるようになるでしょう。

　だから、身につけるなら早いほうがいい、というわけです。

こんな人たちを知りませんか？

みなさんのまわりに、こんな人たちはいませんか？
同じクラスや部活、塾のお友だちを思い出してみてください。

「わたしなんてどうせダメよ」
（すぐあきらめる）
「どうせ何をしたってムダよ」
（状況は変えられないものだと思っている）
「失敗したらはずかしいからやめておこう」
（人の目ばかり気にして、失敗をおそれて行動できない）
「大人が悪い、先生が悪い、学校が悪い」
「どうせだれもわたしのことなんて理解してくれない」
（他人や社会のせいにする）

「どうせどうせ子」ちゃんは、壁に直面すると、「わたしなんてどうせダメよ」とすぐあきらめてしまうタイプです。やってもムダだとふてくされたり、だれかのせいにしたりする。本当にダメなのか、何か方法はないのか、自分の頭で考えることを放棄してしまうのです。たまに、何かおかしいと感じたり、よいアイディアが浮かんだりしても、「失敗したらはずかしいからやめておこう」と人の目を気にして、しりごみしてしまいます。

「評論家」くんは、口ばかり達者です。「問題はこれだよ！」「あの人が悪いんだよ！」と自分なりの意見は持っていて、人にあれこれ指図はするけど、言いっぱなしで自分では何もやらない……。

批判するのは簡単だけど、実行するのは難しい。いくら偉そうなことを言っても、できなければ意味がない。「評論家」くんはそれに気づいていないか、逃げているのでしょう。

「問題はこれだよ！」
「あの人が悪いんだよ！」
「ほら見ろ！　だからダメだって言ったじゃないか」
（問題がどこにあるか、だれに原因があるかを言ったり批判したりはするが……）

「あとはやっておいて」
（言いっぱなしで自分では何もやらない）

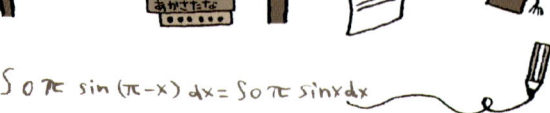

「気合いでゴー」くんは、何に対してもやる気があって前向き。これはすごくいい素質です。ただ、うまくいかないときでも、「ダメなのは気合いが足りないからだ」「考える暇があったら動こう」と、何でも精神論で片づけてしまうのです。ちょっと考えてから走り出せば、あるいは走りながら考えれば、もっと高い目標を達成できるのに。自分

の才能をもっと引き出せるのに。「先生・先輩の言うとおりにしておけば大丈夫」といったように、自分なりの考えや意見がないのも特徴です。

　みなさん自身はどうでしょう？　この3人のようになってしまうときはありませんか？

　ぼくも今までの人生を振り返ってみると、「あのときは、どうせどうせ子ちゃんみたいに、悩むだけで一歩前に踏み出せなかったな」「先週の会議では、意見を言うだけで行動が伴わなかったから、評論家くんになっていたかも」「この間は気合いは十分だったけど、もうちょっと考えてから行動すれば、もっとうまくいったのに」ということがあります。

その点、問題解決キッズは常に具体的な目標を持っています。問題が起きたことを嘆くのではなく、前向きに「どうすればよいか」を考え抜いて、すぐに実行します。必要があれば、方向修正もします。考えて行動することそのものを楽しんでいて、成功からも失敗からも何かを学び取ってどんどん進化するのです。

「よぉーし、3カ月後までには、絶対に○○するぞ!」
(常に具体的な目標を持っている)

「うまくいかないなぁ、なんてクヨクヨしていても始まらない。どうしたらうまくいくかを考えよう」
(姿勢がすごく前向き)

「どうしてこういう問題が起きたんだろう」
(現象の奥にある問題の本質を探る)

「原因はこれか。だったら、こうやってみたらいいんじゃないかな？　よし、やってみよう」
(具体的な解決策を見つけて、すぐに実行に移す)

「うまくいったかな?」

「これはイマイチだったな、なんでだろう?」

「どうやったら、もっとうまくいくだろう?」
(進み具合いを常にチェックして、毎回何かを学んで進化していく)

スポーツでも勉強でも、まわりの人から「すごいな」と一目置かれている人は、こうしたことを（もしかしたら本人は気づいていないかもしれませんが）自然にできているのではないでしょうか。

　では、それぞれのタイプがどう違うか、考えてみましょう。次ページの図が、そのイメージです。
「どうせどうせ子」ちゃんはスタート地点をいじけながらグルグル回るだけ。ゴールにはまったく近づきません。「評論家」くんも、ゴールの方向はわかっても実行しないので、ゴールにたどりつくことはできません。
「気合いでゴー」くんは、全力疾走でとにかく走る！　だけど、ゴールの方向に向かっているとは限らない。しばらくして「あれ？」と気づいても、考える癖がないので、また違う方向に走り出してしまう。せっかくやる気があるのに自分の才能を出し切れないのは、もったいないですね。
　その点、「問題解決キッズ」は、自分で考え、行動し、ときに方向修正して、ゴールに最短ルートで到着します。だから、ほかの人たちがゴールに着くころには、次のゴール、もっと高いゴールを目指して走り出しているのです。
　問題解決キッズになれるかどうかは、才能の問題ではありません。そうした癖を身につけられるかどうかです。早くから取り組めば、だれでもマスターできるのです。

図1-1
問題解決キッズは
最短距離でゴールにたどり着く

スタート　　　　　ゴール

「どうせどうせ」子ちゃん

- 考えないし行動もとらないので、ゴールにはたどり着かない
- やってみないから何も学ばないし、自信もつかない
- グチを言って日々過ごす

「評論家」くん

- 何が問題か、だれが悪いか、何をすべきかは言えるが、自分では行動しない
- リスクや結果に対する責任をとらない

「気合でゴー」くん

 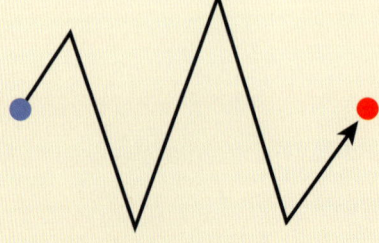

- わき目もふらずに前進あるのみ！ へこたれずにがんばるが、ムダが多く、ゴールに最短距離でたどり着けない
- 行動した結果から学ばないので、進化するスピードが遅い

問題解決キッズ

 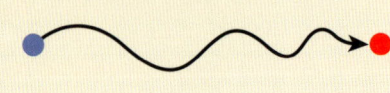

- 適度に考えて、行動して、方向修正して……を繰り返し、最短距離でゴールにたどり着く
- 実行の結果から毎回何かを学び、進化していく

問題解決キッズはすごいスピードで進化する

　問題解決キッズは、自分がとった行動とその結果から、毎回何かを学んでいきます。成功したときでも、どうやったらもっとよくなるかを考えます。失敗した場合には、何が問題だったのか、どうすれば同じような失敗を起こさないようになるのかを考え抜いて、次に生かすのです。

　最初は少しの差のように見えても、積もり積もれば大きな差になります。ほかの3人と「進化するスピード」がまったく異なるのです。

　たとえば、まったく同じ才能を持った3人がいるとしましょう。スタート地点では、全員100の力があると仮定します。しかし、「考え抜き、行動する癖」がある人とない人では、進化するスピードが違います。Aさんは毎月1%で進化し、Bさんは5％、Cさんは10%で進化する。

　さて、3年後には、どれだけの差が出ていると思いますか？

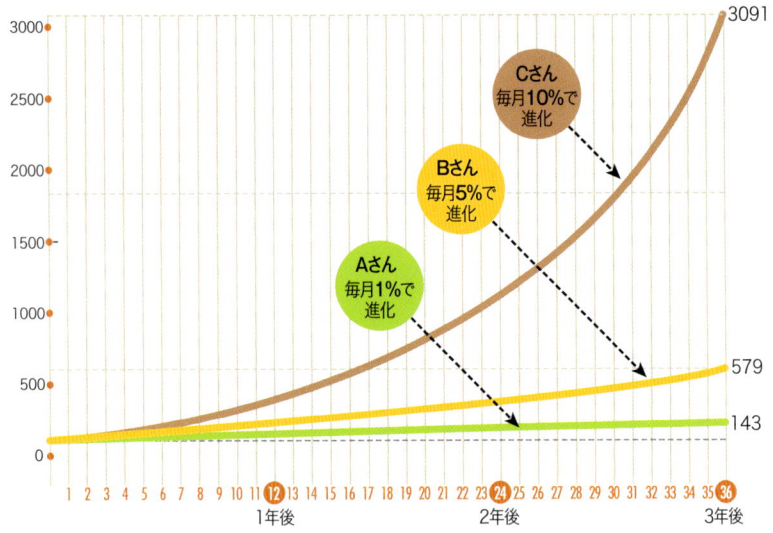

図1-2
3年後には、
その差は約22倍に！

　なんと、毎月1％で進化したAさんは3年後には143、5％で進化したBさんは579、10％で進化したCさんは3091。

　つまり、たった3年で、AさんとCさんには22倍近い差が、BさんとCさんでも5倍以上の差がついてしまうのです！　10年、20年と人生を重ねていけば、その差は果てしなく広がることでしょう。

　できなかったことができた瞬間、成長できたことを感じる瞬間というのは、いつになってもうれしいものです。考え抜く癖がいったん身につけば、「寝坊癖を直す」「成績を上げる」「将来、建築家になりたい」といった個人的な問題はもちろん、「サッカー部が県大会で優勝する」「文化祭の来場者数を増やす」など、自分が所属するグループの問題

も解決できるようになります。

考え実行する経験を積んでいくうちに、みなさんの影響力は身の回りだけでなく、もっと大きな範囲に及ぶようになるでしょう。「地球温暖化を防ぐ」「アフリカの貧困問題をなくす」といった、大きな社会の問題にも取り組むことができるようになるのです。

そもそも問題解決って？

問題解決とは、ひらたくいえば、「現状を正確に理解し」「問題の原因を見極め」「効果的な打ち手まで考え抜き」「実行する」ことです。

たとえば、「数学の成績が下がってきた」としましょう。ただ「下がってきた」という現状や現象を理解しただけでは、何も変わりません。どんな問題が解けなかったのか、なぜ解けなかったのか、原因を見極められれば、一歩前進です。

さらに、どうすれば解けるようになるか、効果的な打ち手まで考え、実行に移して初めて、問題解決ができたといえます。

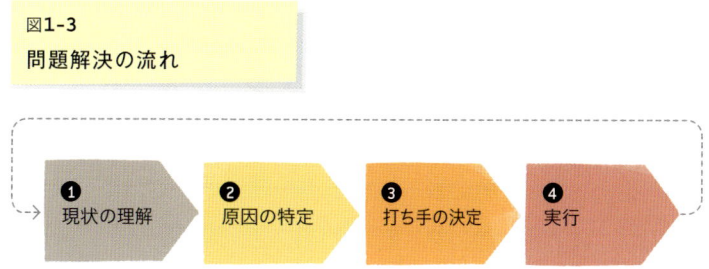

図1-3
問題解決の流れ

そんな面倒なことをしなくてもわかるんじゃない？　と思うかもしれませんが、「①現状の理解」から「④実行」まで、すべてできていることは意外と少ないものです。好きじゃないことであればなおさら、苦手だから仕方ないとあきらめてしまうのではないでしょうか。
　ありがちなのは「コインの裏返し」といわれるもので、「数学の成績が落ちてきた」という現象に対して、②も③もすっ飛ばして「じゃあ、数学の成績を上げよう」と考えてしまうことです。これでは、ど

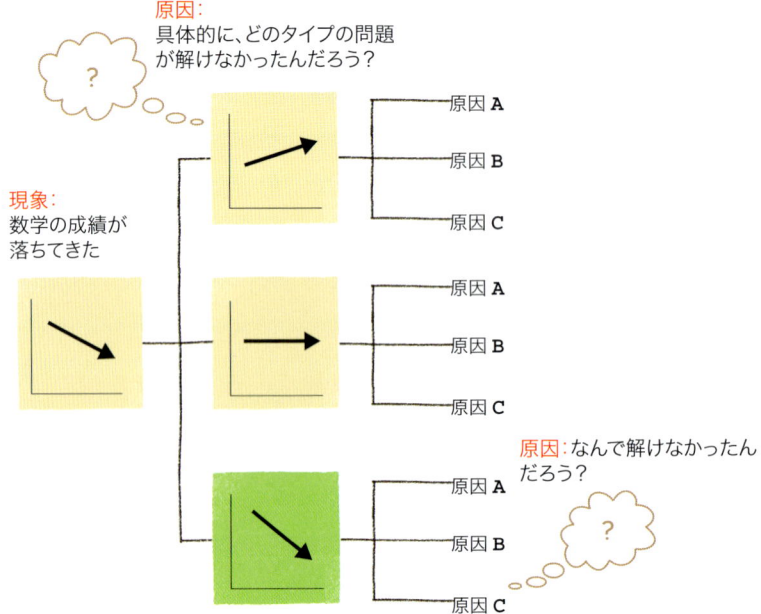

図1-4
数学の成績が落ちてきた原因を考える

んな問題を間違えているかが明確にならないし、どうやったら確実に点数を上げられるか、打ち手も見つからない。行き当たりばったりで勉強しても、成績は上がりません。

また、「もっと勉強の時間を長くしよう」「部活はやめなきゃ」などと思いつきで打ち手を考えるのも、問題解決にはなりません。もしかしたら、原因は勉強時間ではなく、勉強の仕方がよくないとか、集中できていないからかもしれない。その場合は、せっかく部活をやめて勉強時間を長くしても、やっぱり成績は上がらないでしょう。

問題解決キッズなら、まず、「そもそもどのタイプの問題が解けないのか」「なぜ解けないのか」という原因を明らかにするのです。

たとえば、中学一年生の数学の問題なら、「正負の数」「方程式」「平面図形」「空間図解」「その他」といったタイプに分けてみる。さらに「いつも間違えるもの」「テストでは正解したけれど、実はまぐれだったもの」などを探してみるのです。

そのうえで、解けなかった理由を明確にしていきます。

たとえば、「そもそも時間がなくて解き始めなかった」のか、「解いてみたけど解けなかった」のか。解いてみたけど解けなかった場合、「解き方がわからなかった」のか、その他の理由で解けなかったのか。「解き方がわからなかった」のは、「そもそも基本的な概念を理解していない」せいなのか、「基本的な概念は理解しているが、応用力がない」のか……。

　このように、「なぜ」を繰り返し問いかけていくことで、解けなかった原因が具体的に見えてくるのです。

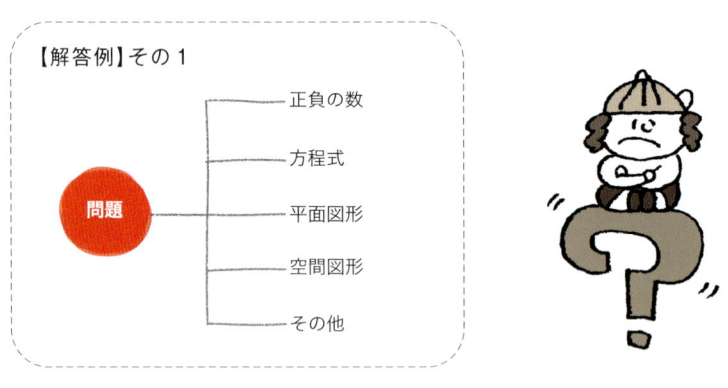

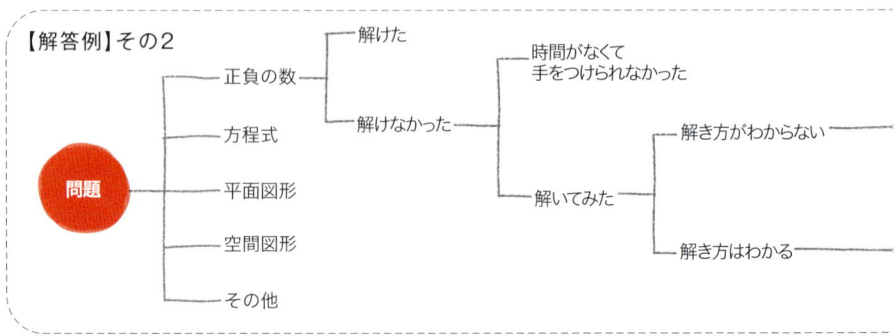

1限目 問題解決能力を身につけよう

　ここまでの話を一枚の図にまとめてみると、次ページのような木ができあがります。これは「分解の木」といって、原因を探ったり、アイディアを挙げていくのに便利な「考える道具」です。

　数学の成績が落ちてきた理由は人によって違うでしょうが、おそらくこの木のどれかの枝が理由になっているはずです。Aさんは、方程式の基本的な概念を理解していなかった。Bさんは、解き方はわかるけれど、いつも時間切れになるので、スピードが遅いか、時間配分が問題のようだ。Cさんはどれも時間内に解き終わるけれど、ミスが多いのかもしれない。原因によって、おのずと打ち手は変わります。

　たとえば、Aさんなら、今の勉強時間の中で方程式にあてる時間を増やすとか、通学時間や寝る前の15分間を新たに勉強時間に追加する手もあります。

　単に勉強時間を増やすだけでなく、時間あたりの効果を高めるために、使いやすそうな問題集を探したり、わからないことを学校の先生や友だちに聞いたり、家庭教師を雇ってもらったり、といった打ち手も考えられるでしょう。

　そう、問題解決といっても、難しく構える必要はありません。現象を起こしている原因を明らかにし、効果的な打ち手を考え、実行していくということなのです。

　漠然とした問題や、途方にくれそうな大きな問題でも、じっくり原因を見極め、小さな問題に分解し、一つずつ解いていけばいいのです。

　この方法を覚えれば、たいがいの問題には慌てなくてすむようになります。

- そもそも基本的な概念を理解していない
- 基本的な概念は理解しているが応用力がない
- 時間が足りなかった
- ミスした
- その他

【解答例】その3
「分解の木」

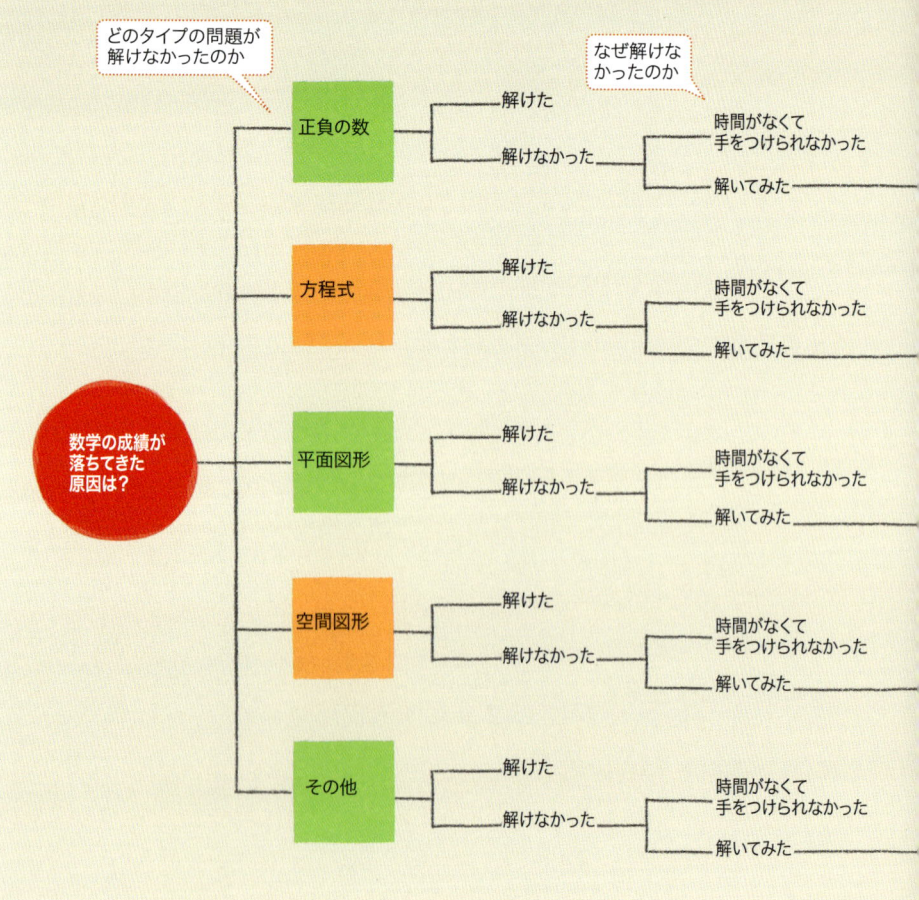

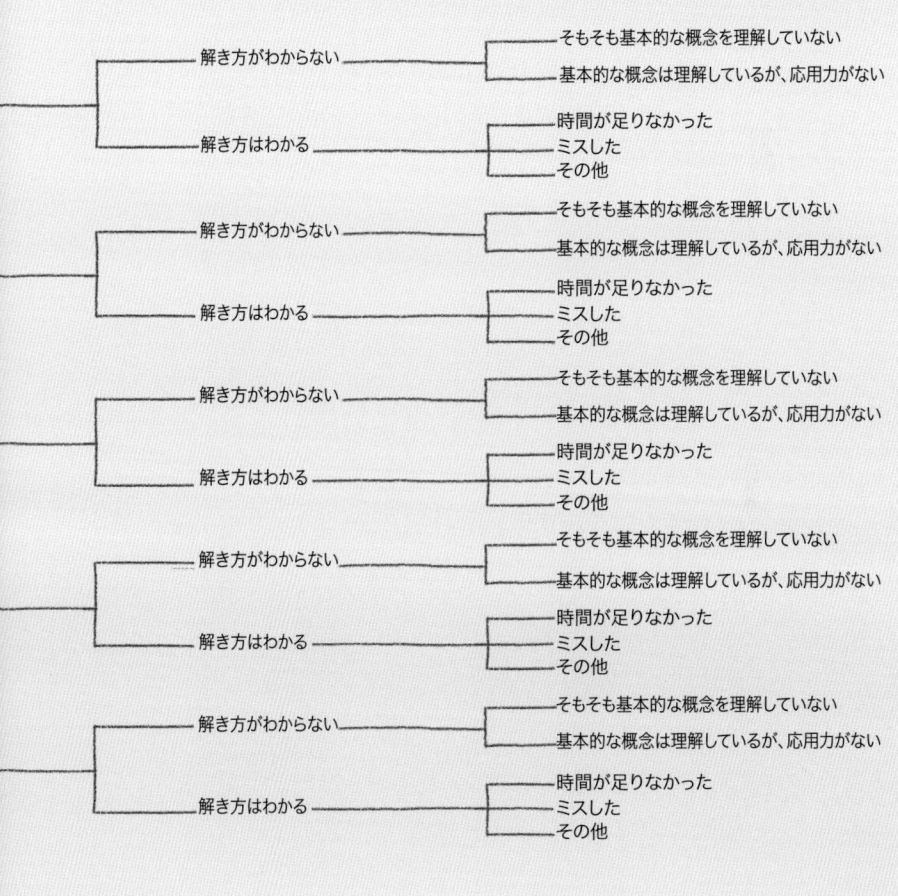

tool

分解の木

原因を探したり、
アイディアを広げたりするのに便利

　問題解決をするときには、「分解の木」が役立ちます。これは、どのような原因があるかをモレなく探し出すときや、どのような打ち手があるかアイディアを幅広く、具体的に洗い出すときに重宝します。

　とはいえ、最初からびっしり細かい木は書けません。まずは、メモ書きでもよいからアイディアをリストアップしたうえで、似たもの同士グループ化しましょう。次に、「ほかには何があるか」「具体的にはどういうものか」といった質問を自分に問いかけていきます。

　この作業を繰り返すことで、アイディアの幅が広がり、具体性を高めることができるのです。

　たとえば、学校のクラスを例に考えてみましょう。30人の生徒がいるとします。どのようなグループに分けられますか？　どのような分け方でもよいので、自由に考えてみてください。

- 性別で分けるなら？　「男の子」と「女の子」
- 身長で分けるなら？　「150センチ以上」と「150センチ未満」
- きき手で分けるなら？　「右ききの子」「左ききの子」「両ききの子」

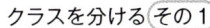

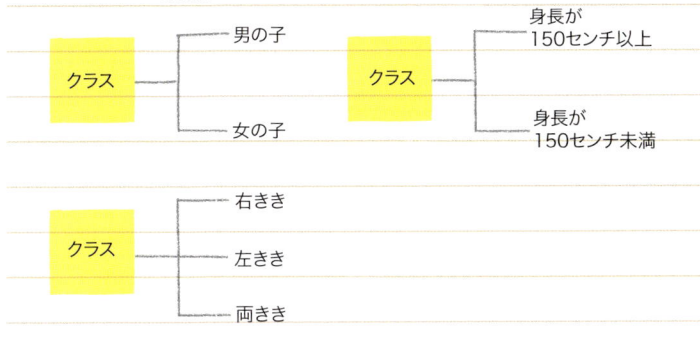

　では、もう少し広がりがある分け方を考えてみましょう。たとえば、部活動で分けるとどうなるでしょう？　かけもちしている人はいないということにしましょう。実際に分解の木を書いてみてください。
　みなさんのクラスには何人いますか？　たとえば30人いるとして、分解の木を作ったあと全員を各枝に振り分けてみてください。もし合計が30人にならなければ、どこかにモレかダブリがあるはずです。

　では、解説に入りましょう。まず、「部活動をする人」と「部活動をしない人」がいます。「部活動をする人」をさらに分けてみましょう。大きくは「運動部員」と「文化部員」に分かれますね。「運動部員」も、野球部員とかサッカー部員とか、さらに細かく分けられます。文化部員も同じように、演劇部員や美術部員などに分けることができます。これを分解の木に書き表すと……。

tool  分解の木

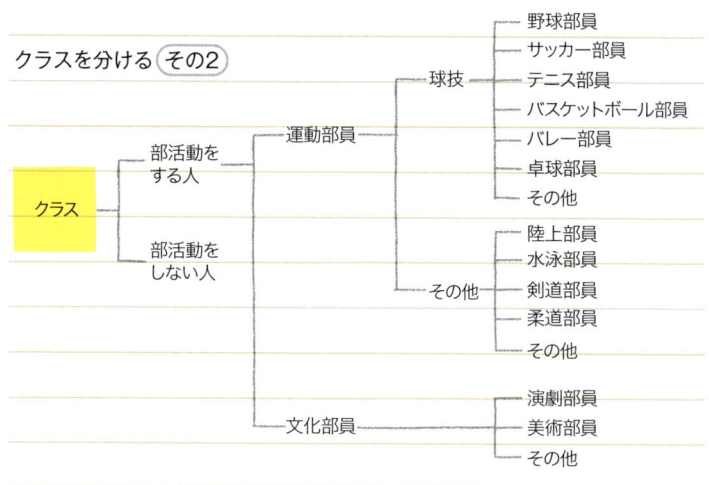

クラスを分ける その2

　分解の木は、左から右に作っていかなければならない、というものではありません。途中で煮つまったら、とりあえず思いつくアイディアを全部書き出して、それから並べ替えてもいいのです。グループ化して分類していくうちに、最初は思い浮かばなかったようなアイディアが浮かぶこともあります。
　イメージはつかめましたか？

　最後にもう１題、分解の木を作ってみましょう。
「容器を振るスピードや強さを変えずに、ひと振りで容器から出るコショウの量を増やすには、どうすればよいか」

答えは何通りもあります。参考として、ひとつの例を挙げてみましょう。

　まず、「コショウが出る面の表面積を大きくする」と「表面積当たりコショウが出る量を増やす」の2つに分けてみます。

「表面積当たりコショウが出る量を増やす」の場合、「表面積当たりの穴の数を増やす」と「1穴当たりのコショウが出る量を増やす（コショウを穴から通りやすくする）」に分けられます。

　さらに「1穴当たりのコショウが出る量を増やす」は、「穴のサイズを大きくする」と「コショウのサイズを小さくする」に分解できますね。

　これを分解の木に書くと、次のようになります。

コショウの量を増やす

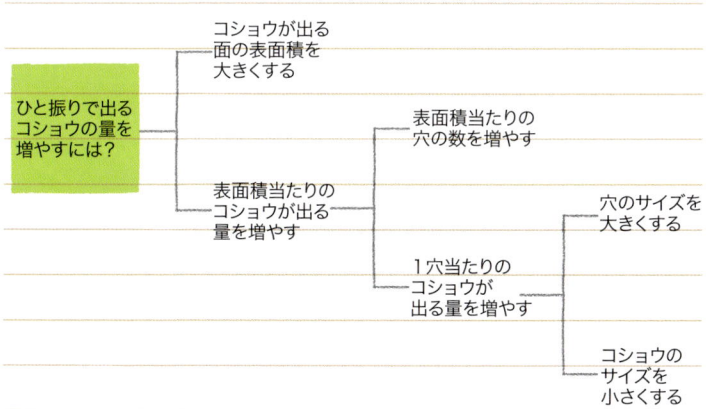

tool  分解の木

　どんな問題でも、ひとつひとつ分解していけば、最終的には意外なアイディアも浮かぶようになるのです。
　また、絵を描いてみるのも、いい発想法です。文章だけで考えていると、容器の穴ばかりに気をとられてしまうかもしれません。でも、容器の絵を描いてみた瞬間に、「コショウが出る面の表面積を大きくすればいい！」といったことが浮かんできたりします。

絵に描くとアイディアが出てくる

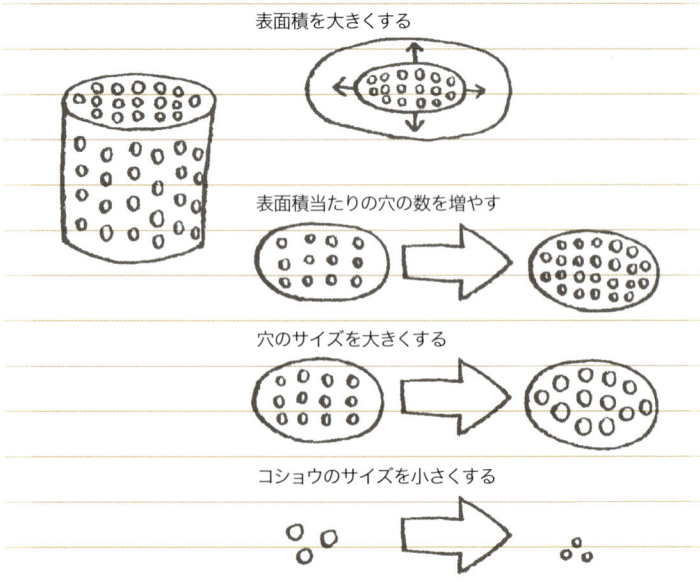

慣れないうちは少し時間がかかりますが、何度か試してみると、頭の中に自然に分解の木が浮かんでくるようになります。
　分解の木は、問題解決を効果的に行うための「基本技」です。日常生活の中でゲーム感覚で練習するとよいですね。

　さて、問題解決キッズとはどのような人たちか、イメージは湧いてきましたか？　問題解決の流れはピンと来ましたか？　分解の木は、使いこなせそうですか？

　では、2限目からは、中学生バンド「キノコLovers」、パソコンを買いたいタローくんなど、具体的な例を取り上げます。みなさん一緒に問題解決に取り組んでいきましょう。

2限目
問題の原因を見極め、打ち手を考える

お医者さんのように診断し、治し方を考える

　みなさんも、日常生活の中で問題が起きたり、夢や目標を達成する途中で壁にぶつかったりするときがあるかと思います。そんなとき、すぐにあきらめないでください。いったん冷静になって、問題のもとは何なのかを考えてみましょう。問題の本質を見極めることができれば、必ず壁を打ち破る方法も考え出せるはずです。

　そうです、お医者さんのように、まずは問題の原因は何かを診断し（原因を見極める）、適切な治し方を考え出す（効果のある打ち手を考える）とよいのです。たとえば、こんな感じです。

❶ 原因を見極める
　　1A　原因としてありえるものを洗い出す
　　1B　原因の仮説を立てる
　　1C　どんな分析をするか考え、情報を集める
　　1D　分析する
❷ 打ち手を考える
　　2A　打ち手のアイディアを幅広く洗い出す
　　2B　最適な打ち手を選択する
　　2C　実行プランを作成する

　ここでは、中学生バンド「キノコLovers（ラバーズ）」が夢を達成するまでのストーリーを例に、問題解決の方法を身につけていきます。

中学生バンド「キノコLovers」を救え！

　キノコちゃんは、友だちのナスビくんとハンペンくんの3人で「キノコLovers」というバンドを組んでいます。
　幼稚園からのなかよし3人組は、3年前から音楽に真剣に取り組み始めました。きっかけは、リーダーのキノコちゃんが、ある人気バンドのコンサートに初めて行ったこと。キノコちゃんは感動し、コンサートの帰りにすぐさまナスビくんとハンペンくんに電話しました。
「明日からバンドやるわよ。もちろん、わたしがボーカル。ナスビはそうだなぁ、ギター。ハンペンはドラムね。じゃ、明日授業が終わったらいつものところに集合ね」
　キノコちゃんはいつものように一方的に話をすると、ガチャッと電話を切ってしまいました。
「またこれだよ……」と、ナスビくんとハンペンくん。でも、こんなキノコちゃんが大好きな2人。彼女が夢を持つと、なんとかして実現させてあげたくなってしまうのです。

ナスビくんはさっそくお兄さんのギターを借りて、独学でマスターしました。ハンペンくんは、最初はダンボールと木の棒で練習していましたが、コツコツとおこづかいを貯めて、中古の安いドラムを手に入れました。キノコちゃんも、最初は耳をふさぎたくなるほどひどい歌声でしたが、だんだんコツを覚えてきて、持ち前の個性的なハスキーボイスを生かして心に響く歌声を出せるようになりました。

　ナスビくんの家のガレージに集まって練習しているうちに、どんどんうまくなり、3人の息も合ってきました。「わたしたち、けっこういい感じじゃない？」。キノコちゃんは自信満々です。

　3カ月前のこと。3人で学校から帰る途中、キノコちゃんの様子がいつもと違っていました。ハンペンくんやナスビくんが話しかけても「うん、うん」と上の空。何か考えごとをしているのでしょうか？

　すると突然、キノコちゃんが立ち止まりました。「来週の土曜日に体育館を借りてコンサートを開くわよ！いいわね？これから毎月やるのよ」

「急には無理でしょ」とナスビくん。

「体育館だって貸してもらえるわけないでしょ。体育館をコンサートのために借りた人なんて聞いたことないよ」とハンペンくん。

「無理だ」「やったことがない」という消極的な言葉を聞くと、つい沸騰したヤカンのように怒ってしまうキノコちゃん。

「本当にあなたたちは情けないわね！　すぐに無理だ、無理だとか言って！　私たちはプロデビューを目指しているのよ。今からコンサートぐらいやっとかないとダメじゃない。体育館を貸してもらえるように、わたしが校長先生に頼んでくるから、ナスビとハンペンは観客を集めるのよ。いいわね！」

そう宣言するやいなや、キノコちゃんはくるっと回れ右をして、小走りで学校に戻ってしまいました。

あぜんとしてボーッと立ちつくすナスビくんとハンペンくん。お互い顔を見合わせて、「どうしようかぁ……」。

行動力のあるキノコちゃんは、すぐに体育館を使う許可をもらってきました。ナスビくんとハンペンくんも知り合いに声をかけ、なんとか初めてのコンサートは実現しました。1カ月後には2回目のコンサートを開き、今日やっと3回目にこぎ着けたところです。

ところが、キノコちゃんはご立腹です。

「わたしが歌っているのに、なんでこんなにお客さんが少ないの？ 1回目は10人、2回目は増えたといっても15人。3回目も15人しか来てないじゃない。いったい何が問題なのよ！　次回はちゃんと集めておいてよね！」

どなりちらしながらも、悲しくて目を潤ませているキノコちゃんを見て、ナスビくんとハンペンくんは何とかしようと心に誓いました。1カ月後に開かれる4回目のコンサートまでに、なぜ人がコンサートに来ないかを明確にして、体育館を人でいっぱいに埋め尽くそう、と。

1 A　問題の原因としてありえるものを洗い出す

　観客がなかなかコンサートに来てくれない「キノコLovers」。その原因は何でしょう。どのようなものがありえるでしょうか？

　同じ「コンサートに行かなかった」という結果が起こっていても、理由はいろいろとありえます。たとえば、「そもそもコンサートがあることを知らなかった」かもしれない。または、「コンサートがあることは知っていたけど、何らかの理由でコンサートに行く気がしなかった」のかもしれない。そして「コンサートに行ったことはあるが、何らかの理由で継続的に行く気は起きなかった」のかもしれない。

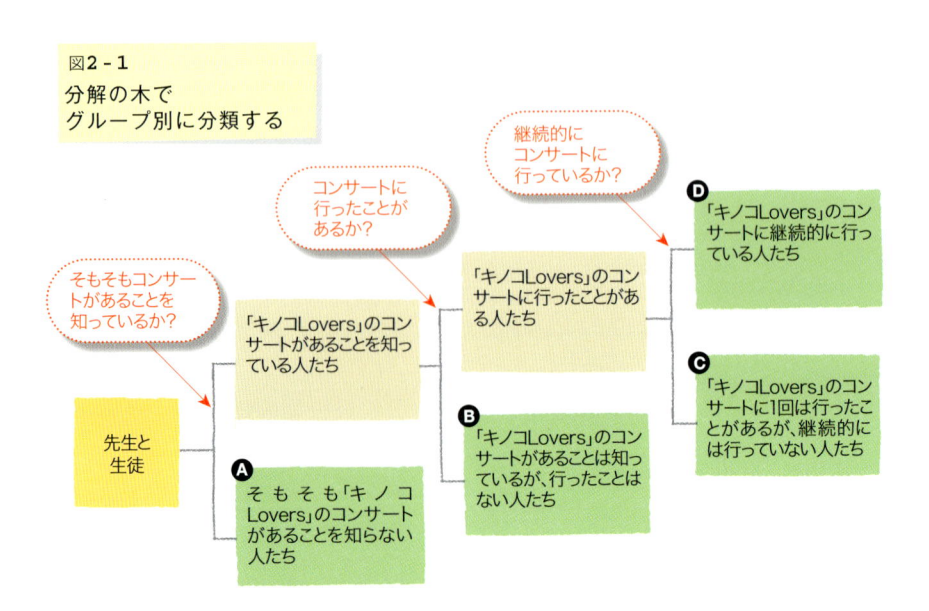

図2-1
分解の木で
グループ別に分類する

そもそもコンサートがあることを知っているか？

コンサートに行ったことがあるか？

継続的にコンサートに行っているか？

先生と生徒

「キノコLovers」のコンサートがあることを知っている人たち

❹ そもそも「キノコLovers」のコンサートがあることを知らない人たち

「キノコLovers」のコンサートに行ったことがある人たち

❻ 「キノコLovers」のコンサートがあることは知っているが、行ったことはない人たち

❹ 「キノコLovers」のコンサートに継続的に行っている人たち

❸ 「キノコLovers」のコンサートに1回は行ったことがあるが、継続的には行っていない人たち

ナスビくんとハンペンくんは、ひとまず来てくれる可能性のある人（潜在的な観客）を学校の生徒と先生を含めた500人と考えて、その人たちを「分解の木」を使ってタイプ別に分けてみました。

よくよく見ると「分解の木」が、実は3つの質問に対する「はい」「いいえ」の答えで成り立っていることに気づきました。

❶そもそもコンサートがあることを知っているか？
❷少なくとも1回はコンサートに行ったことがあるか？
❸継続的にコンサートに行っているか？

図2-2
3つの質問で分ける

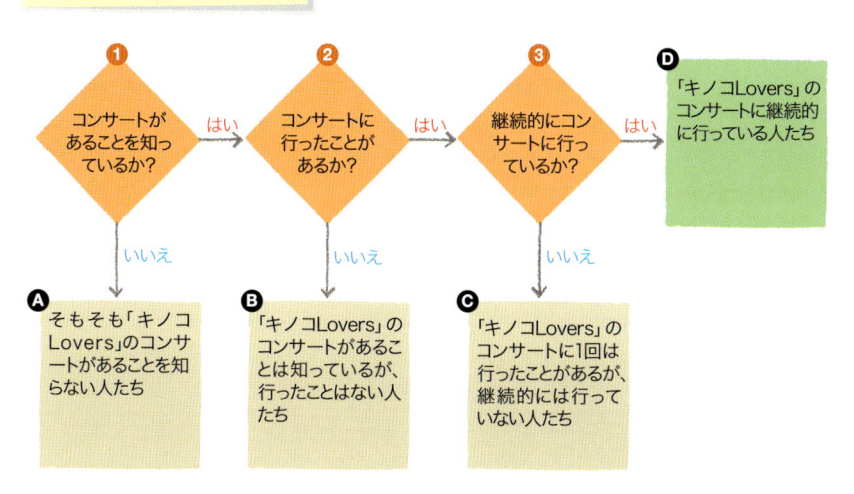

❶ コンサートがあることを知っているか？ → はい → ❷ コンサートに行ったことがあるか？ → はい → ❸ 継続的にコンサートに行っているか？ → はい → Ⓓ 「キノコLovers」のコンサートに継続的に行っている人たち

❶ いいえ → Ⓐ そもそも「キノコLovers」のコンサートがあることを知らない人たち

❷ いいえ → Ⓑ 「キノコLovers」のコンサートがあることは知っているが、行ったことはない人たち

❸ いいえ → Ⓒ 「キノコLovers」のコンサートに1回は行ったことがあるが、継続的には行っていない人たち

潜在的な観客は、必ずAからDの4つのどれかのタイプに分類できるはずです。そして、それぞれの質問に対する「はい」と「いいえ」

の割合がわかれば、タイプごとに何人ずついるかが見えてきます。

　さらにもう一歩踏み込んで、「コンサートがあることは知っているのになぜ来ないのか」「コンサートに1回は行ったが、継続的に行かない理由は何なのか」などを問いかけていくことで、問題の原因の本質が見えてくるのです。

1B　原因の仮説を立てる

　ここで原因の仮説を立ててみましょう。

　仮説とは、まだ正しいかどうかはわからないけれど、「これが答えじゃないか」と思える仮の答えです。仮説を立てるといっても、そんなに難しいものではありません。みなさんも普段から無意識にやっているはずです。

　最初に仮説とその根拠を明確にしておけば、いろいろと調べなくても、その仮説が正しいかどうかを簡単にチェックすることができるようになるのです。

　たとえば、ゴールデンウィークの真っ最中に、隣町にあるおばあちゃんの家に行くことになりました。でも、明日は朝から部活があるから、早めに帰ってこなければならない……。

　そのとき、何も考えないで行き当たりばったりで行動すると、どうなるでしょう？　「いつもバスで行っているから今日も……」と深く考えずにバスに乗ったら、道路がすごく混んでいて、普段なら30分で着くところが2時間かかってしまった。結局、おばあちゃんの家で全

然ゆっくりできなかった、なんてことになるかもしれません。

　でも、あらかじめ仮説を立て、その仮説をチェックしておけば、一番よい方法でおばあちゃんの家に行く交通手段をみつけることができて、より多くの時間をおばあちゃんと過ごせるでしょう。

　たとえば、「普段はバスのほうが早いけど、ゴールデンウィークで道路が混んでいそうだから、今日は電車で行ったほうがいいかも」というのが「仮説」です。そのなかで「ゴールデンウィークで道路が混んでそうだから」というのが「根拠」です。

　このようなことは、みなさん、無意識のうちに考えていますよね。そして、この仮説が正しいかどうかのチェックをしたければ、ラジオやテレビのニュースで渋滞の状況をチェックすればよいのです。

　さぁ、「キノコLovers」の話に戻りましょう。ナスビくん、ハンペンくんの仮説は、「一番大きな問題は、そもそもコンサートがあることを知っている人が少ないからではないか」です。

　なぜそう考えたのか、彼らの考え方を見てみましょう。

　まず、そもそもコンサートがあることを知っている人の数。「クラスの何人かにしか声をかけてないから、そもそも知っている人は少ないだろうな。キノコちゃんもああ見えて意外とシャイだからなぁ。先生に案内したぐらいじゃないかな」。そこで彼らは、20人に1人程度（5％）しかコンサートがあることを知らないのではないか、と仮説を立てたようです。

　次に、コンサートがあることを知っている人のうち、1回でもコンサートに来てくれたことがある人たちの比率。ナスビくんとハンペンくんは「音楽好きな人なら、コンサートがあることを知っていたら来

図2-3
ナスビくん、ハンペンくんの仮説

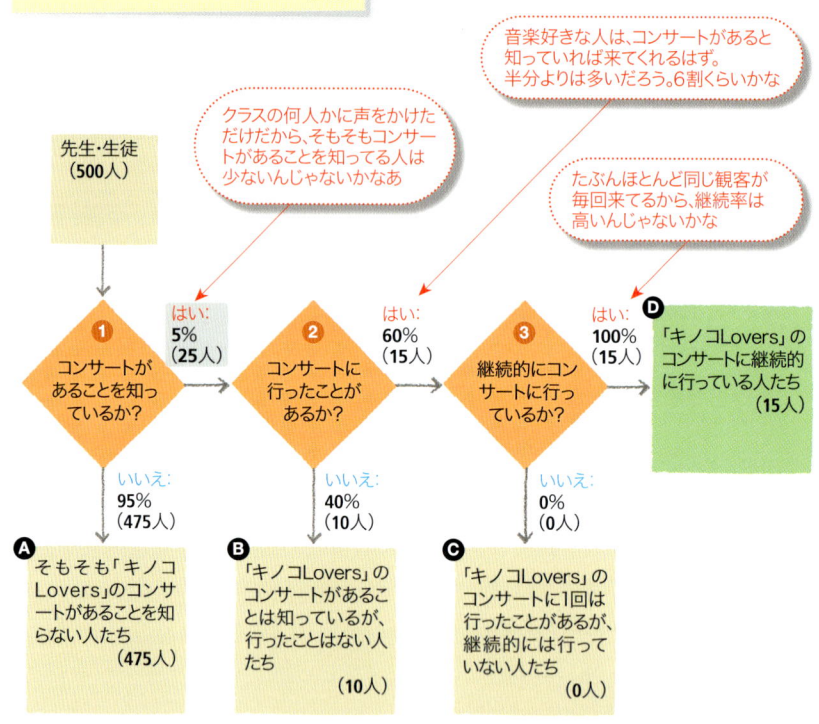

先生・生徒（500人）

① コンサートがあることを知っているか？
- はい：5%（25人） ← クラスの何人かに声をかけただけだから、そもそもコンサートがあることを知ってる人は少ないんじゃないかなあ
- いいえ：95%（475人） → A そもそも「キノコLovers」のコンサートがあることを知らない人たち（475人）

② コンサートに行ったことがあるか？
- はい：60%（15人） ← 音楽好きな人は、コンサートがあると知っていれば来てくれるはず。半分よりは多いだろう。6割くらいかな
- いいえ：40%（10人） → B 「キノコLovers」のコンサートがあることは知っているが、行ったことはない人たち（10人）

③ 継続的にコンサートに行っているか？
- はい：100%（15人） ← たぶんほとんど同じ観客が毎回来てるから、継続率は高いんじゃないかな
- いいえ：0%（0人） → C 「キノコLovers」のコンサートに1回は行ったことがあるが、継続的には行っていない人たち（0人）

D 「キノコLovers」のコンサートに継続的に行っている人たち（15人）

てくれるだろう」と考えました。そして「そうだなぁ。音楽が好きな人は半分以上だろうな。6割ぐらいかな」と予測しました。

　最後に、コンサートに継続的に来てくれる人たち。過去3回、観客席にどんな人がいたかを思い出してみました。15人ぐらいしかいなかったから、何となく覚えているようです。「2回目と3回目は、ほとんど同じお客さんだったかも。一度ぼくらの演奏を聴いてもらえれば、気に入ってくれるだろうから」。そこで、継続的にコンサートに来て

くれる観客は100%だという仮説を立てました。

　こうして、結論としては、コンサートになかなか人が来てくれない最大の原因は「そもそもコンサートがあることを知らないからだ」となりました。

　この仮説が正しければ、最初にコンサートがあることを知ってもらう（コンサートの「認知度」を高める）ような活動を行えば、自然と来てくれる人が増えそうですね。

　では、この仮説が正しいかどうか、チェックしてみましょう。

1C　どんな分析をするか考え、情報を集める

　仮説が正しいかどうか確かめることを「検証する」といいます。検証するためには、判断のよりどころとなる情報や分析が必要です。ですから、図書館などで調べごとをしたり、人に話を聞いたり、計算をしたりという作業が必要になるのです。

　ナスビくん、ハンペンくんの仮説を検証するには、どのような情報を集め、どんな分析をする必要があるでしょうか？

分析❶　なぜコンサートに来てくれる人が少ないのか？グループ別の割合は？

　左ページの上の図をもう一度見てください。先生と生徒500人は、AからDまで4つのグループに分けられました。それぞれの割合を調べてみましょう。

とはいえ、500人全員に聞いて回るのは無理な話です。3人で手分けして、毎日1人ずつ話を聞いたとしても、半年近く（167日）かかってしまいます。では、どうすればよいでしょうか？

　ナスビくん、ハンペンくんは考え抜いた末、質問リストを作り、ホームルームのときに、学級委員長にクラスの生徒たちにアンケートをとってもらうことにしました。紙に書くタイプのものだと大変なので、手を挙げてもらって人数を数えるような、簡単なものにしました。これなら、3分程度で済むでしょう。先生たちに対する調査は、校長先生にお願いすることにしました。

分析❷　コンサートがあることは知っているのに、なぜ来てくれないのか？

　次に、コンサートがあることは知っているのに来てくれない理由を調べなくてはいけません。これも時間が無限にあれば「コンサートがあることを知っているけど、来なかった人たち」全員に大々的なアンケートを行ったほうがいいかもしれませんが、そこまでやる必要はないでしょう。おそらく、5人くらいに話を聞けば、だいたいの理由はわかるはずです。

　そこで2人は、各クラスでアンケートをとってもらうとき、「コンサートがあることを知っているけど行かなかった」に手を挙げた人の名前を控えておいてもらい、あとで紹介してもらうことにしました。

分析❸　今後も継続的にコンサートに来てくれるのか？

　この問いに対する答えを出すのも、5人くらいにインタビューをす

れば十分でしょう。コンサートに来てくれた人がどう感じたか、よかった点、悪かった点をざっくばらんに聞いてみましょう。そうすれば、どこを直せばまた行きたいと思ってもらえるか、ヒントを得られるに違いありません。

　ナスビくん、ハンペンくんは今の段階では、観客全員が必ず次回も来てくれるものだと思っています。でも本当は、1回行ったけどそれっきり、という人もいるかもしれません。

　もし、そういう人が見つかったら、なぜ来なくなったのか、理由を聞きましょう。そうすれば、コンサートに継続的に来てもらうための、効果的な打ち手が見えてくるはずです。

　情報を集め、分析をするのは、あくまでよりよい判断をするためです。何が何でも分析を完璧にする、ということではありません。ときどき、分析することそのものにハマってしまい、目的を見失ってしまう人もいます。

　限られた時間の中で、最もいい判断を導き出すことができるよう、効率のよい情報収集、分析を心がけてください。

2限目　問題の原因を見極め、打ち手を考える

tool

はい、いいえの木
原因を調べる、考える道筋を明確にする

「はい、いいえ」の木は、原因を調べる時、もしくは打ち手を考える道筋を、いくつかの「はい、いいえ」で答えられるような質問によって明確にできる時に使います。

たとえば、朝6時に起きなくてはいけなかったのに、寝坊をしてしまったときのことを考えてみてください。

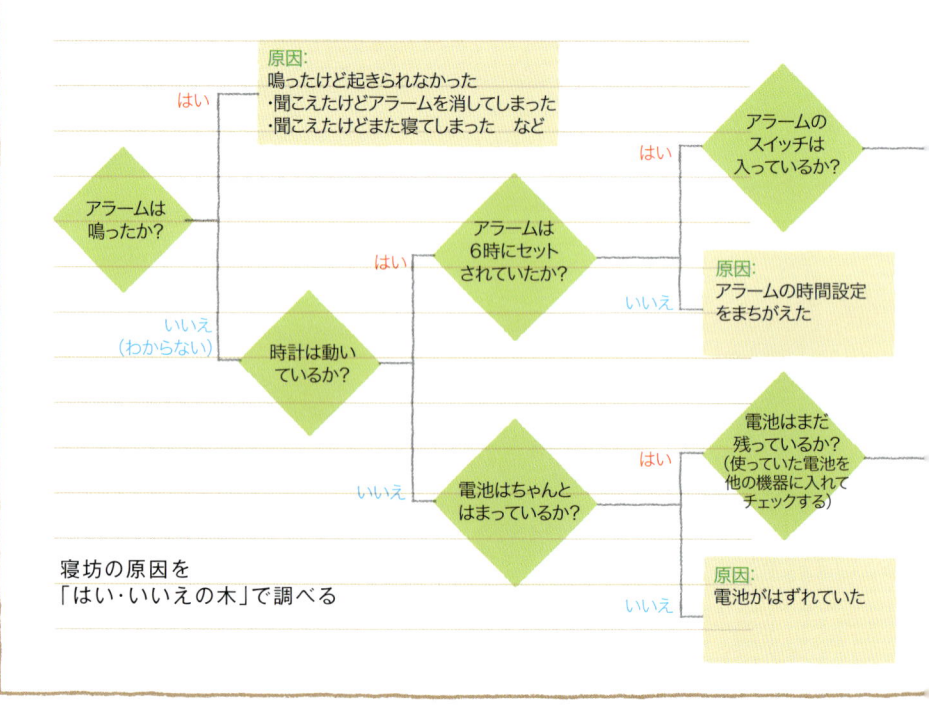

アラームは鳴ったか？
- はい → 原因：
  - 鳴ったけど起きられなかった
  - ・聞こえたけどアラームを消してしまった
  - ・聞こえたけどまた寝てしまった　など
- いいえ（わからない） → **時計は動いているか？**
  - はい → **アラームは6時にセットされていたか？**
    - はい → **アラームのスイッチは入っているか？**
    - いいえ → 原因：アラームの時間設定をまちがえた
  - いいえ → **電池はちゃんとはまっているか？**
    - はい → **電池はまだ残っているか？**（使っていた電池を他の機器に入れてチェックする）
    - いいえ → 原因：電池がはずれていた

寝坊の原因を「はい・いいえの木」で調べる

「うわぁー寝坊した！」と驚き、すぐ着替えて家を出なくてはと思いながらも「どうして？」と考えたりしませんか。知らず知らず「電池が切れた？」「目覚まし時計が壊れた？」と原因を探ってしまう時ありますよね。

では、寝坊してしまった原因を調べるための「はい、いいえ」の木を作ってみてください。

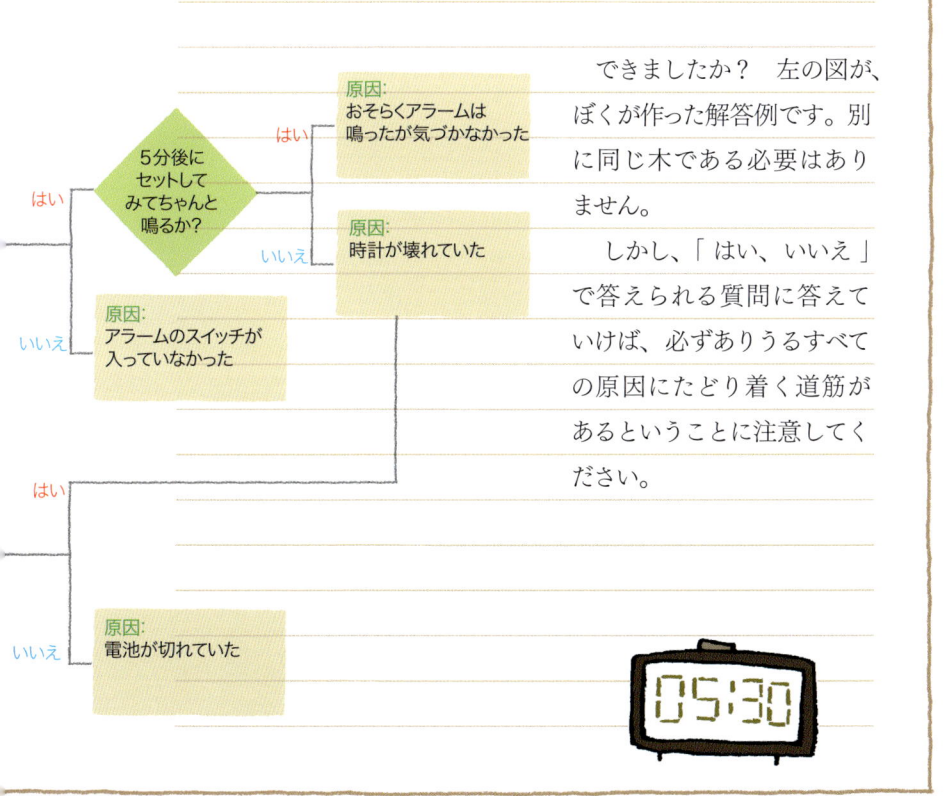

- はい
  - 5分後にセットしてみてちゃんと鳴るか？
    - はい → 原因: おそらくアラームは鳴ったが気づかなかった
    - いいえ → 原因: 時計が壊れていた
  - いいえ → 原因: アラームのスイッチが入っていなかった
- はい
- いいえ → 原因: 電池が切れていた

できましたか？ 左の図が、ぼくが作った解答例です。別に同じ木である必要はありません。

しかし、「はい、いいえ」で答えられる質問に答えていけば、必ずありうるすべての原因にたどり着く道筋があるということに注意してください。

tool

課題分析シート
何を調べるか必要があるかを明確に

　問題を解く時、具体的な目的を決めないままに情報集めや分析に入ってしまうと、まったく役に立たない情報が集まったり、ムダな情報が集まりすぎてかえって頭が混乱したり、ということがあります。結果として時間をムダにしてしまうことになりかねません。

　そんなとき、何をどうすればよいかが一目でわかる「課題分析シート」を最初に作っておくと便利です。「具体的な課題は何か」「現時点での仮説とその根拠は何か」「仮説を確かめるには、どんな情報を集めて分析する必要があるのか」を明確にすると、問題解決の確率はグンと上がります。

　また、紙に書くと、頭が整理できるというメリットもあります。必要な作業がハッキリするので、ダブったり、うっかり忘れたり、といったことも防げます。つまり、本当に必要なことだけに絞り込むことができるのです。

　ナスビくんたちも、右のようなシートを作ってみました。

課題分析シート：原因を見極める

課題	仮説	根拠	分析・作業	情報源
❶ なぜコンサートに来てくれる人が少ないのか？ グループ別の割合は？	そもそもコンサートがあることを知っている人が少ないのではないか	クラスの何人かに声をかけただけだから	▶グループ別調査：各クラスの学級委員長と校長先生にアンケート調査を実施してもらう	アンケート
❷ コンサートがあることは知っているのに、なぜ来てくれないのか？	あまり音楽に興味がない人たちだから	音楽が好きな人は来てくれているはず（ぼくだったらコンサートがあったらどれだけうまいか知りたいから絶対に行くから）	▶「なぜコンサートに来ないのか」インタビュー：コンサートがあることは知っていても来ない人5人に理由を聞く	インタビュー
❸ 今後も継続的にコンサートに来てくれるのか？	ほとんどの人は今後も継続的に来てくれるだろう	毎回来てくれる人は、ほとんど同じ人だと思うので、きっとコンサートの満足度は高いと思う	▶「今後も継続的に来てくれるか」インタビュー：コンサートに来たことがある人に、今後も来てくれるかどうかを聞く	インタビュー
			もし1回来たきり2回目は来なかったという人がいれば、「なぜ2回目は来てくれなかったのか」理由を聞く	

2限目　問題の原因を見極め、打ち手を考える

1 D 分析する

分析 ❶ グループ別の割合は？

どのクラスの学級委員長も、校長先生も、調査にこころよく協力してくれて、続々とデータが集まってきました。

キノコちゃんたちの中学校は、一学年5クラスで3学年、計15クラスあります。これに、先生たちのデータを足し合わせます。ナスビくんとハンペンくんは手分けしてデータを集計しました。

> 先生・生徒（観客になりうる人）の合計数：500人
> **質問❶**コンサートがあることを知っているか？
> 　　「はい」150人（30%）、「いいえ」350人（70%）
> **質問❷**コンサートに1回でも行ったことがあるか？
> 　　「はい」15人（10%）、「いいえ」135人（90%）
> **質問❸**継続的にコンサートに行っているか？
> 　　「はい」12人（80%）、「いいえ」3人（20%）

これをA〜Dのグループ別に当てはめていくと以下のようになります（カッコ内は500人全体に占めるおよその割合）。

A　そもそもコンサートがあることを知らない人たち：350人（70%）
B　あることを知っているが、行ったことはない人たち：135人（27%）

C　1回は行ったことがあるが、継続的には行っていない人たち：
3人（1%）
D　継続的に行っている人たち：12人（2%）

　これで、「はい」「いいえ」のそれぞれの人数や、A〜Dの各グループの人数がはっきりしました。

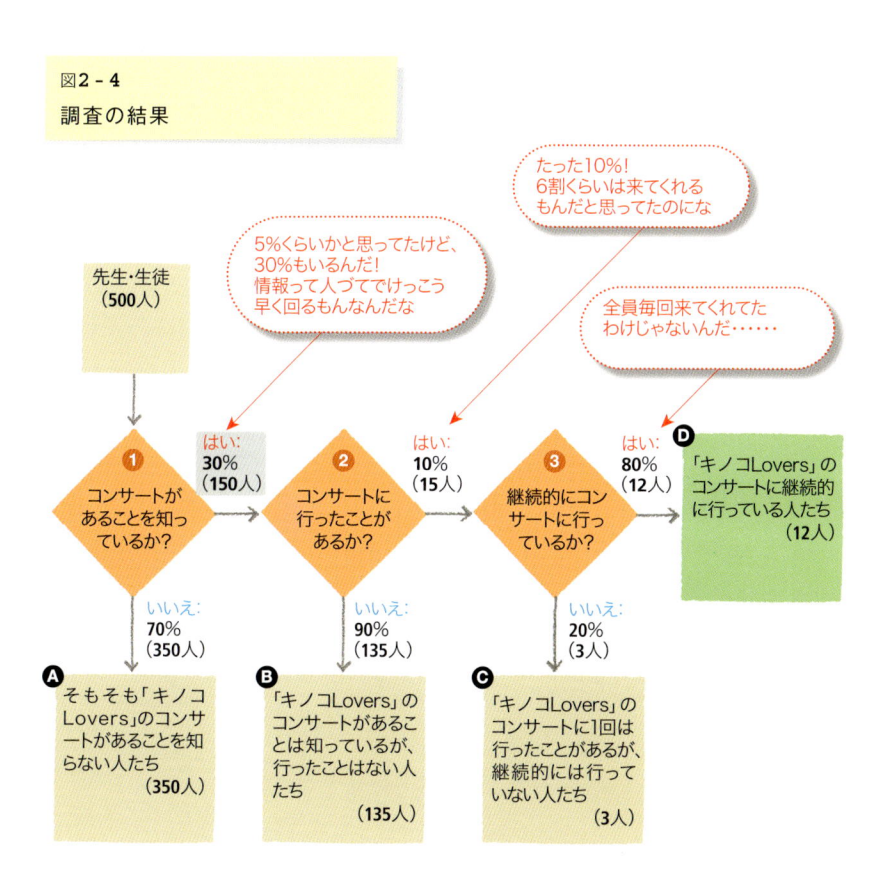

図2-4
調査の結果

先生・生徒（500人）

❶ コンサートがあることを知っているか？
　はい：30%（150人）　「5%くらいかと思ってたけど、30%もいるんだ！情報って人づてでけっこう早く回るもんなんだな」
　いいえ：70%（350人）

Ⓐ そもそも「キノコLovers」のコンサートがあることを知らない人たち（350人）

❷ コンサートに行ったことがあるか？
　はい：10%（15人）　「たった10%！6割くらいは来てくれるもんだと思ってたのにな」
　いいえ：90%（135人）

Ⓑ 「キノコLovers」のコンサートがあることは知っているが、行ったことはない人たち（135人）

❸ 継続的にコンサートに行っているか？
　はい：80%（12人）　「全員毎回来てくれてたわけじゃないんだ……」
　いいえ：20%（3人）

Ⓒ 「キノコLovers」のコンサートに1回は行ったことがあるが、継続的には行っていない人たち（3人）

Ⓓ 「キノコLovers」のコンサートに継続的に行っている人たち（12人）

ナスビくん、ハンペンくんは、コンサートに来てくれないのは、コンサートがあることを知らないからだ、知っている人は6割くらい来てくれている、という仮説を立てていました。

　ところが、「コンサートがあることを知っている人たち」は5％くらいしかいないと思っていたのに、実際は30％もいました。クラスで最初に声をかけた人たち、またはコンサートに来てくれた人たちが友だちに話すなどして、クチコミでうわさが広がったようです。

　逆に、「コンサートがあることを知っていて、少なくとも1回は行ったことがある人たち」は、知っている人のうち60％くらいいるのかと思っていましたが、たったの10％しかいないことがわかりました。

　そう、知っているけれど来ない人がけっこういたのです。ということは、「知っている人」を増やすだけではダメなようです。コンサートがあることを知っているのに、どうして来てくれないのか、その原因を見極めてうまいしかけを考える必要がありそうです。

　最後に「継続的にコンサートに行っている人たち」の比率は、仮説とはそんなに大きくはズレていませんでしたが、行ったことのある人のうち100％ではなく、80％でした。何らかの理由で1回はコンサートに行ったけれど、そこでやめてしまった人がいるのです。

　このように、仮説と調査結果が違うことは、よくあります。仮説だけを信じて打ち手を考え、動き始めてしまったらどうなるでしょう。あとから間違いに気づいてもやり直せないかもしれません。ですから、仮説を立てたら、きちんと効率よく調査して分析してみることが必要なのです。

　ここでナスビくん、ハンペンくんの仮説と分析結果の違いをまとめてみましょう。

図2-5
仮説と分析結果を比較する

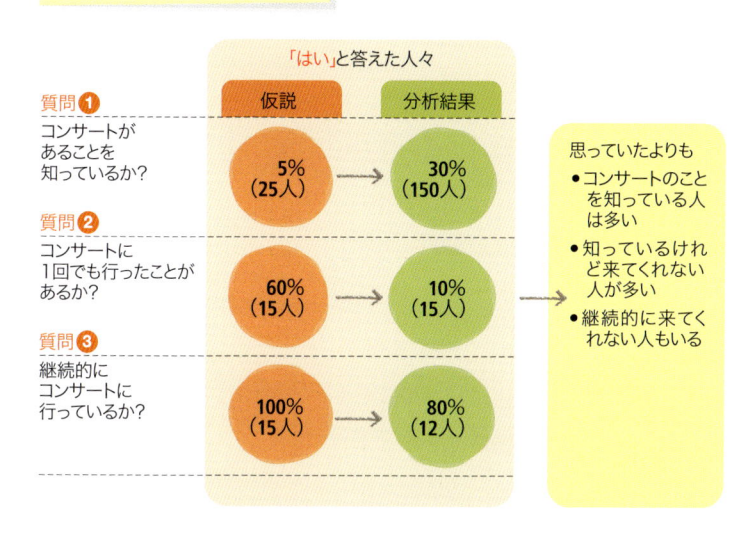

「はい」と答えた人々

質問	仮説	分析結果	思っていたよりも
質問❶ コンサートがあることを知っているか？	5%(25人)	30%(150人)	・コンサートのことを知っている人は多い
質問❷ コンサートに1回でも行ったことがあるか？	60%(15人)	10%(15人)	・知っているけれど来てくれない人が多い
質問❸ 継続的にコンサートに行っているか？	100%(15人)	80%(12人)	・継続的に来てくれない人もいる

分析❷ コンサートがあることは知っているのに、なぜ来てくれないのか？

　分析①の調査結果で、「コンサートがあることを知っているのに来ない」人が思っていたよりも多いことがわかりました。そこで、「知っていたけれど行かなかった」と答えた人のうち5人に、どうしてなのか、直接理由を聞いてみました。

　　Aくん「聞いた、聞いた。毎月コンサートやってるらしいねぇ。どうして来ないのかって？　うーん、どんなジャンルの音楽

をやってるのか知らないし、正直、どれだけうまいかわからないし……」
Bさん「あなたたちのこと知らないからね。うわさを聞いても、それってだれ？　って話で終わっちゃうのよね。だいたい、どんな歌を歌うのかも知らないしね」
Cさん「正直に言っていい？　中学生のバンドでしょ？　あまり聴く価値ないんじゃないかってみんな思ってるのかも」
Dくん「あー、行きたいなって思ってたんだけど、コンサートはお昼でしょ？　土曜は野球部の練習があるから、昼間はどうしても行けないんだよ。けっこうそういう子、多いんじゃないかな」
Eくん「ぼく、音楽ってまったく興味ないんだよね。家でも聴かないのに、わざわざコンサートなんか行かないよ」

いろいろなコメントが出てきましたが、まとめてみると、だいたい3つの理由に分けられそうです。

- どれくらいうまいか知らないから、どんな音楽か知らないから
- スケジュールが合わないから
- 音楽に興味がないから

「なるほど……」とナスビくんとハンペンくん。
　音楽に興味がない人に来てもらうのは難しいかもしれないけど、「どれだけうまいか知らない、どんな音楽か知らない」という人と、「スケジュールが合わない」という人をどうにかできないかな？　そこで、

追加で10人以上に話を聞いてみたところ、時間帯については、昼より夕方のほうが都合がよいことがわかりました。

原因が具体的に見えてきたので、なんとか打ち手を考えられそうな気がしてきた2人でした。

> **分析❸** どうやったら今後も継続的にコンサートに来てくれるのか？

最後に、「今後も継続的にコンサートに来てくれるのか」について、5人にインタビューをしてみました。

Fさん「キノコLovers最高！　絶対プロになってね。そうなったらみんなに自慢するんだ〜。私、最初のコンサートからずっと見てるよって！」

Gくん「これからももちろん行くよ。2人の演奏もうまいし、キノコちゃんのあのハスキーボイスはなんか心にしみるよね」

Hくん「コンサートを聴いた人は、みんな満足してるんじゃない？でも、1回目も2回目も全部同じ曲だったでしょ。このままだと、いくらうまくてもそのうち飽きちゃうかもね」

Iさん「ナスビくんのギターソロ、かっこよかったよ！　いつもキノコちゃんに振り回されてて情けないなぁって思ってたけど、見直したわ！　え？　これからもコンサートに行くかって？　そうねえ、土曜に用事が入ることもあるだろうけど、予定が空いてたら絶対行くわ！」

Jくん「音楽はいいんだけど、同じパターンばっかりだと飽きるなあ。やってるほうも飽きてこない？」

やはり、満足度は非常に高いようです。ナスビくんとハンペンくんは、じかに観客の声を聞いて、うれしくてたまらなかったようです。ほめられたらうれしいし、厳しい意見を言われても、今後の改善につなげられるのですから。そして、どうやら「ファンの期待にこたえなければいけない」というプロ意識も芽生えてきたようです。
　このインタビューでわかったのは、「同じ曲ばかり演奏していると観客も飽きてしまうだろう」ということです。毎回まったく同じコンサートをやるのではなく、何らかの変化が必要だと。
　そこで、継続的にコンサートに来なくなった人たちに追加でインタビューをしてみました。すると、3人中2人が「2回とも同じ曲だったから飽きた」と打ち明けてくれました。これは対策が必要ですね。

　分析を行ってみて、コンサートに来てくれない原因についても、仮説とはけっこうズレていたことがわかりました。
　情報収集と分析を行い、原因を明確にすることで、具体的な打ち手を考えられる気がしてきました。こうして「体育館をいっぱいにしてキノコちゃんに喜んでもらう夢」「自分たちも大観衆の前で演奏をして楽しむ夢」、そして「プロになる夢」に一歩近づいたのです。

2A　打ち手のアイディアを幅広く洗い出す

　コンサートになかなか人が来てくれない理由を明確にすることができたナスビくんとハンペンくん。でも、ここで満足したら、今までの努力はだいなしです。問題を実際に解決するための「打ち手」を考え出さなければいけません。

　問題の原因を考えていく中で2人が痛烈に感じたのは、「コンサートがあることを知らせるだけでなく、思わず来たくなるようなしかけを考えなければならない」ということでした。

　そこで2人は「分解の木」を使って、まずは「伝える方法」についてのアイディアを、次ページのように幅広く洗い出してみました。人が直接伝えるだけでなく、紙媒体（新聞、雑誌など）、掲示板、eメールなど、いろいろな手段が考えられます。

　ポイントは、「新聞とかラジオなんて、ありえないでしょ」とすぐ可能性を否定するのではなく、いったんは考えつくものすべてを洗い出してみることです。そこから連想ゲームのように、面白いアイディアが思い浮かぶかもしれないからです。

　本当に実現できるかどうか、効果的かどうかは、一度アイディアを出し切ってから、優先順位をつけ、絞り込んでいけばよいのです。

　ナスビくんとハンペンくんも、全部書き出したあとで、面白そうな打ち手にマークをつけました。この「伝える方法」を使って、いつ、どこで、どのように情報を伝えるべきか。2人はああでもない、こうでもないと議論して、次のような具体的な打ち手のアイディアを考えました。

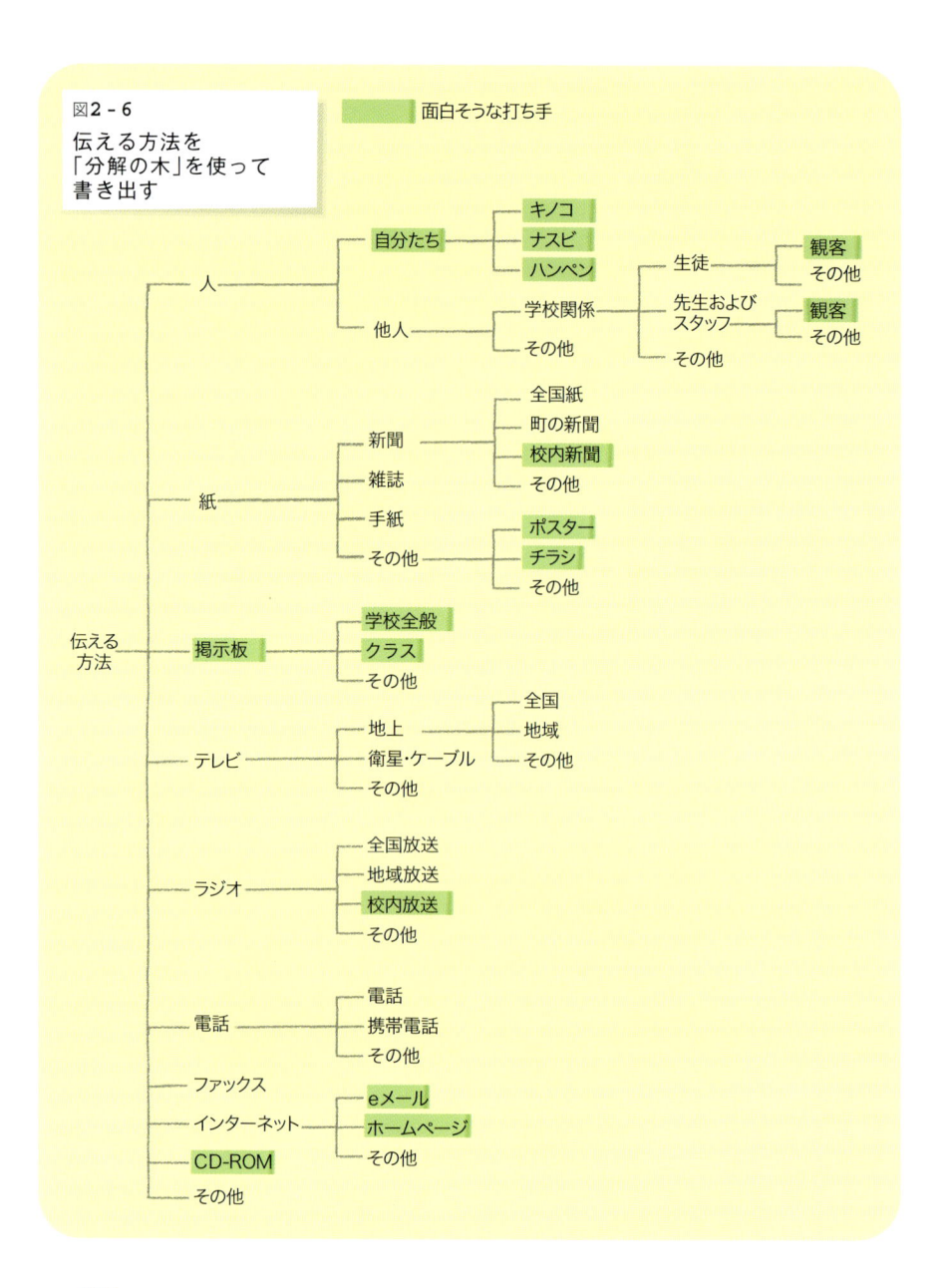

図2-6
伝える方法を
「分解の木」を使って
書き出す

▇▇▇ 面白そうな打ち手

```
                              ┌─ キノコ
                    ┌─ 自分たち ─┼─ ナスビ
                    │          └─ ハンペン
         ┌─ 人 ─────┤                          ┌─ 生徒 ──────┬─ 観客
         │          │          ┌─ 学校関係 ────┤             └─ その他
         │          └─ 他人 ──┤                └─ 先生および ─┬─ 観客
         │                     └─ その他         スタッフ    └─ その他
         │                                      └─ その他
         │                     ┌─ 全国紙
         │                     ├─ 町の新聞
         │          ┌─ 新聞 ──┼─ 校内新聞
         │          │          └─ その他
         │          ├─ 雑誌
         ├─ 紙 ────┤
         │          ├─ 手紙    ┌─ ポスター
         │          │          ├─ チラシ
         │          └─ その他 ─┴─ その他
         │
         │                     ┌─ 学校全般
         ├─ 掲示板 ────────────┼─ クラス
伝える    │                     └─ その他
方法     │                                      ┌─ 全国
         │          ┌─ 地上 ───────────────────┼─ 地域
         ├─ テレビ ─┼─ 衛星・ケーブル           └─ その他
         │          └─ その他
         │
         │          ┌─ 全国放送
         │          ├─ 地域放送
         ├─ ラジオ ─┼─ 校内放送
         │          └─ その他
         │
         │          ┌─ 電話
         ├─ 電話 ──┼─ 携帯電話
         │          └─ その他
         │
         ├─ ファックス
         │                     ┌─ eメール
         ├─ インターネット ────┼─ ホームページ
         │                     └─ その他
         ├─ CD-ROM
         └─ その他
```

また、「知らせる」だけでなく、いかに「行きたくさせる」かも考えたいところです。全部が全部そうである必要はありませんが、できるなら両方兼ねてくれれば一石二鳥です。

　そこで、アイディアを表に書き出してみることにしました。

図2-7
打ち手のアイディア

伝える方法	打ち手のアイディア	知らせる	行きたくさせる
自分たち	❶ 全クラスと教員室を回り、ホームルームの時に1分だけ時間をもらい、代表曲のサビの部分を歌わせてもらう	✓	✓
観客	❷ コンサートの最後に、次回のコンサートに他の友だちをたくさん連れてきてくれるようお願いする	✓	✓
校内新聞	❸ 校内新聞に「キノコLovers」に関する記事を書いてもらう(3人のインタビュー、観客の感想、次回のコンサートの日時など)	✓	✓
ポスター	❹ カッコいいポスターを作って学校中に張る	✓	✓
チラシ	❺ コンサート告知のチラシを作って、登下校時の人通りが多い時に配る(チラシの裏には観客の感想コメントを載せる)	✓	✓
掲示板	❻ コンサートの日時を学校全体と各クラス、教員室の掲示板に書かせてもらう	✓	
校内放送	❼ 校内放送で「キノコLovers」の曲を流してもらい、コンサートの告知もしてもらう	✓	✓
eメール	❽ コンサート告知のメールを生徒と先生に送付する	✓	
CD-ROM	❾ 自分たちの曲を録音し、CD-ROMに焼いて配る(ケースにコンサートのお知らせも同封する)	✓	✓
ホームページ	❿ 「キノコLovers」のホームページを作り、3人のキャラクターやコンサートの様子を紹介したり、曲をオンラインで聴けるようにしたりする	✓	✓

計10個のアイディアを考え出したナスビくんとハンペンくん。さらに、分析②と分析③のインタビューで意外と多かった意見、「お昼にコンサートがあると部活などがあって行けない」「毎回、同じ曲を流すと観客は飽きてしまう」を参考に、問題を解決できるような打ち手を追加で考えてみました。

⓫コンサートの開始時間を5時にする
⓬毎回少なくとも2割は新しい曲に変えるか、アレンジを変えて歌う
⓭毎回、トークの上手なハンペンくんが、曲の合間に観客に面白い話、心温まる話、勇気が出る話などをする時間を設ける

さて、計13個のアイディアが出てきましたが、すべてを実行することは可能でしょうか？

　次のコンサートまで、残り1カ月です。3人で手分けしたとしても、時間は限られています。お金がかかりそうなものもあります。3人の貯金を合わせても限りがありますよね。

　現実問題として、時間も、お金も、人手も有限。できるものとできないものがあります。大事なもの、効果のありそうなものから、優先順位をつけていく必要があるのです。

2B　最適な打ち手を選択する

　では、最適な打ち手を選ぶには、どうすればよいでしょう？　その打ち手が実行しやすい（できる）かどうか、効果がどれくらい高いか、がポイントとなりそうです。

　そこで、ナスビくんとハンペンくんは、縦横に軸のあるマトリックスを作り、すべての打ち手を図の上に並べてみました。

　マトリックスとは、行と列でできた格子状のもので、縦横の軸の意味を見ながら適切な位置に各項目を置いていくと、それぞれの関係が一目でわかるようになります。ビジネスの世界でよく使われている、便利なものです。

　ここでは、縦軸は打ち手を実行したときの「効果」を表わします。上に行くほど効果は高く、下に行くほど効果は低くなります。

　横軸は「実行のしやすさ」を表わします。右に行くほど実行しや

図2－8

最適な打ち手を選択する

打ち手のアイディア

❶全クラスと教員室を回り、ホームルームの時に1分だけ時間をもらい、代表曲のサビの部分を歌わせてもらう

❷コンサートの最後に、次回のコンサートに友だちをたくさん連れてきてくれるようお願いする

❸校内新聞に「キノコLovers」に関する記事を書いてもらう(3人のインタビュー、観客の感想、次回のコンサートの日時など)

❹カッコいいポスターを作って学校中に張る

❺コンサート告知のチラシを作って、登下校時の人通りが多い時に配る(チラシの裏には観客の感想コメントを載せる)

❻コンサートの日時を学校全体と各クラス、教員室の掲示板に書かせてもらう

❼校内放送で「キノコLovers」の曲を流してもらい、コンサートの告知もしてもらう

❽コンサート告知のメールを生徒と先生に送付する

❾自分たちの曲を録音し、CD-ROMに焼いて配る(ケースにコンサートのお知らせも同封する)

❿「キノコLovers」のホームページを作り、3人のキャラクターやコンサートの様子を紹介したり、曲をオンラインで聴けるようにしたりする

⓫コンサートの開始時間を5時にする

⓬毎回少なくとも2割は新しい曲に変えるか、アレンジを変えて歌う

⓭毎回、ハンペンくんが曲の合間にトークをする

効果vs.実行のしやすさ

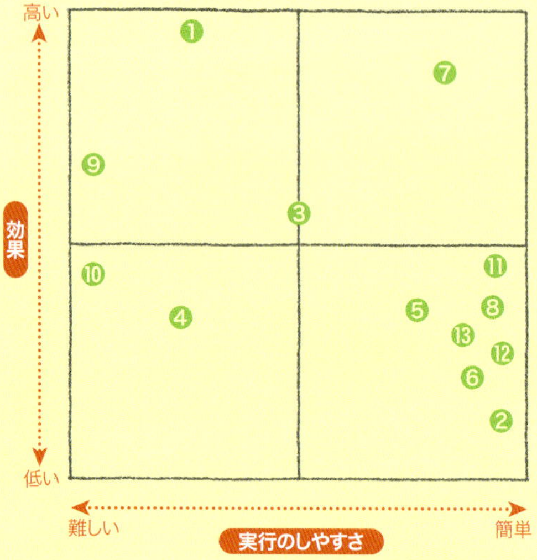

高い
低い
効果
❶
❼
❾
❸
❿
❹
⓫
❺
❽
⓭
⓬
❻
❷
難しい
簡単
実行のしやすさ

すく、左に行くほど実行が難しくなります。

　たとえば、「①全クラスと教員室を回り、ホームルームのときにサビの部分を歌わせてもらう」について考えてみましょう。
　コンサートがあることをみんなに知ってもらえるだけでなく、少しでも歌を聴いてもらえるので、行ってみたいと思ってもらえる可能性は高くなりそうです。つまり、「効果」はすごく高いといえます。
　でも、3学年15クラスと教員室をすべて回るには、時間も手間もかかります。それに、事前に先生や各クラスの学級委員長に許可を取らなければいけない。だから、「効果はすごく高い」けれど、「実行はなかなか大変」。
　ということで、ナスビくんとハンペンくんは、打ち手①をマトリックスの左上の箱に位置づけました。
　反対に「⑥掲示板でコンサートの告知をする」は、そもそも掲示板を読む生徒があまりいないので「効果は低い」。仮に読んでくれたとしても、「歌がうまいかわからない」「知らない人たちだから行く気が起きない」という問題に直面してしまうでしょう。
　ただ、「実行のしやすさ」に関しては「非常に簡単」です。校内すべての掲示板に書き込むとしても、手分けすれば30分もかからないでしょう。
　ということで、打ち手⑥は、マトリックスの右下の箱に位置づけられました。

　マトリックスの右側にあるものはすべて簡単に実行できるし、時間もあまりかからないので、効果が高かろうが低かろうが、3人で手分

けすればいいでしょう。

　マトリックスの左側にあるものはどうでしょう？　左上の箱の中にあるものは「実行は難しい」けれど「効果が高い」ので、大変でもやるべきでしょう。左下の箱にあるものは、「効果はイマイチ」で「実行が難しい」のですから、実行プランから外してもよいかもしれません。

　しかし一度、立ち止まって考えてみましょう。無意識のうちに、すべて自分たちでやらなければいけないと思い込んでいませんか？　その前提を取り払えば、もっと可能性は広がるのではないでしょうか。
　たとえば、「④カッコいいポスターを作って学校中に張る」は、3人とも絵が苦手だし、ポスターの作り方を知らないので、「効果はイマイチ」で「実行も難しい」と判断していました。
　ここで、ハンペンくんが気づきました。「そうか！　絵がうまいクミちゃんに手伝ってもらえばいいんだ！　ものすごくカッコいいのを作れるはずだよ」。「それはいいアイディアだ！」とナスビくん。クミちゃんに頼めば「効果が高い」ポスターができるし、「実行も簡単」ですよね。マトリックスでいうと、一気に左下から右上に変わるのです。
　同じように、「⑨自分たちの曲をＣＤ－ＲＯＭに焼いて配る」も、3人ともやったことがないので左上に位置づけていましたが、パソコンが得意な子ならクラスに1人はいるはずです。
　また、キノコちゃんのクラスのチコちゃんが自分のホームページを持っているので、「⑩ホームページを作る」をお願いできそうです。そうすれば、これもマトリックスの右側に移動できます。
　こうして、いろんな人の力を借りて、13のアイディアすべてを「実行可能」にすることができました。

自分が「得意なこと」は、どうしても限られてきます。でも、自分よりうまくできる人、効率よくできる人は、必ずどこかにいるものです。そういう人たちに手伝ってもらえば、自分たちだけでやるよりもいいものができるので、効果が高くなります。慣れた人に手伝ってもらえば、実行が簡単かつスピーディになります。
　マトリックスでいえば、左側、下側にあったものを右上の箱に動かすことができるのです。

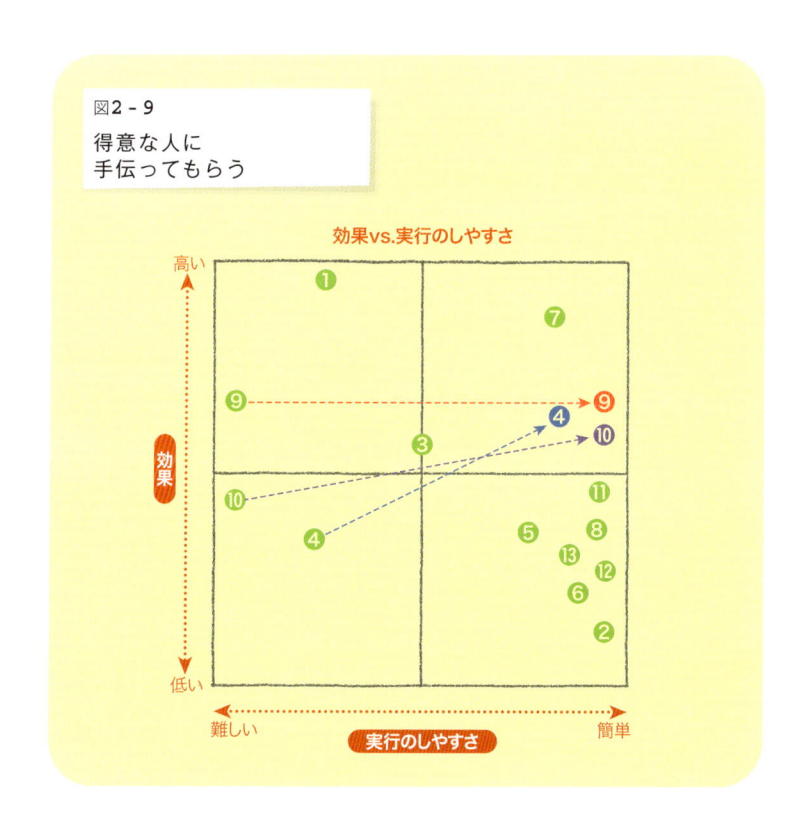

図2-9
得意な人に
手伝ってもらう

効果vs.実行のしやすさ

(縦軸: 効果　高い / 低い)
(横軸: 実行のしやすさ　難しい / 簡単)

いろんな人と連携して何かを作り上げていくのは楽しいものです。そのうえ、もっとすごいものができるなら言うことありませんね。

　ときには、時間が足りなかったり、得意な人が見つからなかったりと、すべてのアイディアを実行できないこともあるでしょう。そんなときは、基本的にはマトリックスの右上にあるものから優先的に実行する、次に左上と右下から選ぶ、そして左下の箱にあるものはやめる、というのが基本的な考え方です。

2C　実行プランを作成する

　さぁ、実行する打ち手が決まりました。短期間でやることがたくさんあります。やり残しやうっかりミスがないよう、実行プランをしっかり作ることにしました。
　具体的に何をしなくてはいけないのか。だれが担当し、どのタイミングで行うのか。打ち手ひとつひとつについて、書き出していきます。コンサートの日から逆算して、いつまでに何をやるのかを明らかにするのです。
　たとえば、チラシやポスターは、コンサートの少なくとも2週間ぐらい前までには配りたいし、張り出したいですよね。ギリギリになってしまうと、せっかくコンサートに行きたいと思ってくれる人がいても、その人の予定も埋まってしまうかもしれません。
　スケジュールを立てるときは、このように期日から逆算して、時間

配分を考えましょう。大事なこともそうでないことも一緒くたにして後回しにしていては、どんな願いもかないません。

逆にいえば、こういう癖をつけておくと、大きな問題も、大勢の人数で取り組むようなことも、簡単にできるようになるのです。

図2-10
実行プラン

伝える方法

❶ 全クラスと教員室を回り、代表曲のサビの部分を歌わせてもらう
・校長先生と学級委員長に許可をもらう
・各クラスと教員室を回ってコンサートを告知し、歌う

❷ コンサートの最後に、次回のコンサートに友だちをたくさん連れてきてくれるようお願いする

❸ 校内新聞に「キノコLovers」に関する記事を書いてもらう
・校内新聞の編集長に依頼する
・インタビューの実施
・校内新聞が出る日

❹ カッコいいポスターを作って学校中に張る
・校長先生にポスターを張る許可をもらう
・クミちゃんにポスターの作成を依頼する
・ポスターを作ってもらう
・ポスターを張る

❺ コンサート告知のチラシを作って、登下校時の人通りが多いときに配る
・観客の感想コメントを集める
・チラシを作る
・チラシを配る

❻ コンサートの日時を学校全体と各クラス、教員室の掲示板に書かせてもらう

❼ 校内放送で「キノコLovers」の曲を流してもらい、コンサートの告知もしてもらう
・放送部の先生に許可をもらう
・曲と告知を流してもらう

❽ コンサート告知のメールを生徒と先生に送付する
・校長先生、各クラスの担任の先生に許可をもらう
・メールを書いて送付する

❾ 自分たちの曲を録音し、CD-ROMに焼いて配る
・CD-ROMを作ってくれる人を探す
・CD-ROMを作る
・CD-ROMを配る

❿ 「キノコLovers」のホームページを作る
・チコちゃんにホームページ作りを依頼する
・ホームページを作成
・ホームページをアップロードする

⓫ コンサートの開始時間を5時にする
（3人で相談して最終決定する）

⓬ 毎回少なくとも2割は新しい曲に変えるか、アレンジを変えて歌う
・次回のコンサートで新しく加える歌、アレンジを変える曲を決める
・新しい曲、アレンジを作り、練習する

⓭ 毎回、ハンペンくんが曲の合間にトークをする
・コンサートで話す内容を考える

コンサート当日

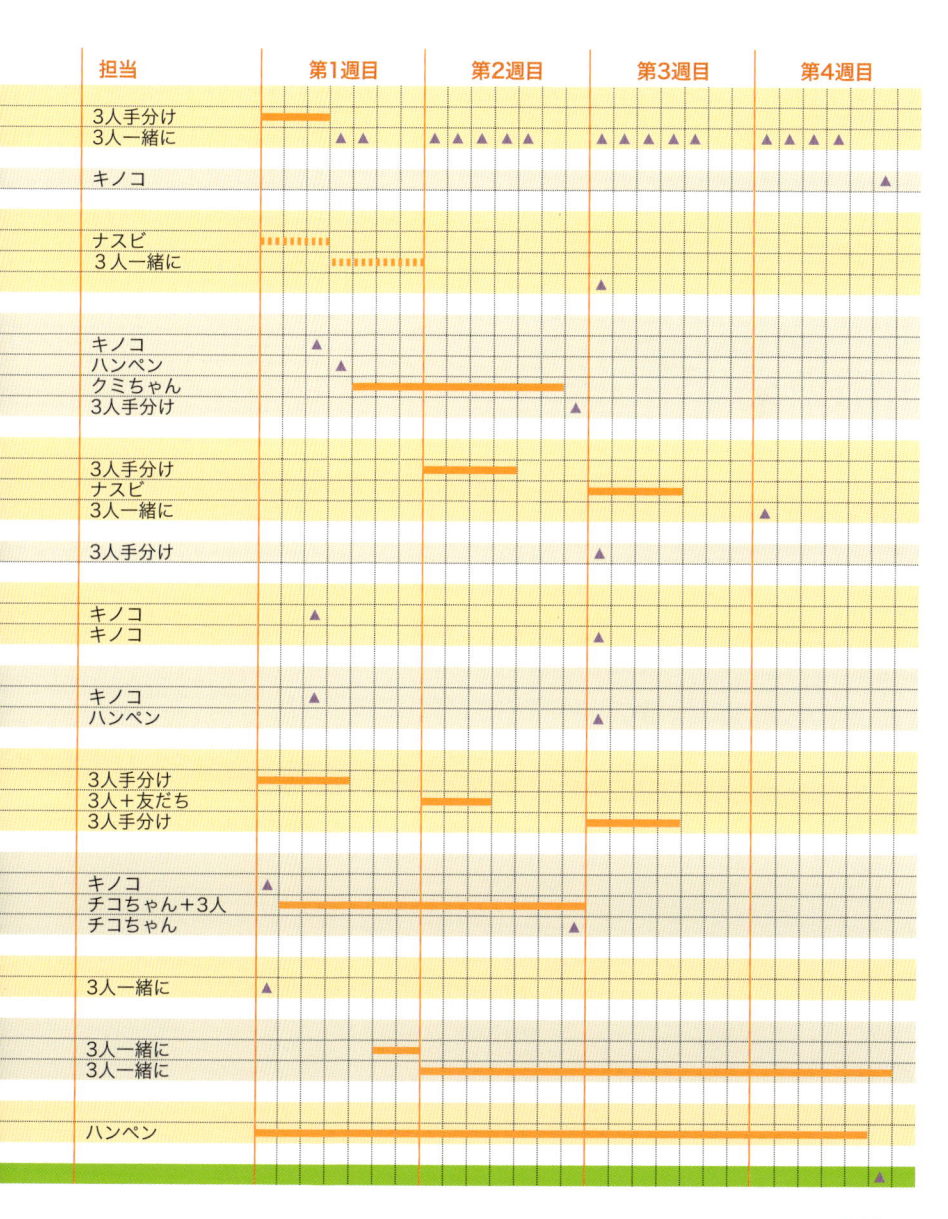

2限目 問題の原因を見極め、打ち手を考える

担当	第1週目	第2週目	第3週目	第4週目
3人手分け	━━			
3人一緒に	▲▲	▲▲▲▲▲	▲▲▲▲	▲▲▲▲
キノコ				▲
ナスビ	┅┅┅			
3人一緒に		┅┅┅┅┅┅		
			▲	
キノコ	▲			
ハンペン	▲			
クミちゃん		━━━━━━━━		
3人手分け			▲	
3人手分け		━━━		
ナスビ			━━	
3人一緒に				▲
3人手分け			▲	
キノコ	▲			
キノコ			▲	
キノコ	▲			
ハンペン			▲	
3人手分け	━━			
3人+友だち		━		
3人手分け			━━	
キノコ	▲			
チコちゃん+3人	━━━━━━━━━			
チコちゃん			▲	
3人一緒に	▲			
3人一緒に		━		
3人一緒に		━━━━━━━━━━━━━		
ハンペン	━━━━━━━━━━━━━━━━━━━━━━━			
				▲

> 「キノコLovers」のコンサートはどうなったのか？

　その後、「キノコLovers」はどうなったのでしょうか。

　5回目のコンサートのことです。キノコちゃんが最後の曲、自分たちで作った一番お気に入りの新曲『3人』を感情を込めて歌い上げると、体育館はまるでテレビの消音ボタンを押したように、シーンと静まり返りました。

　3人は深く長ーいお辞儀をしました。まだ、体育館は静まり返っています。20秒はたったでしょうか、3人がそーっと顔を上げると、体育館を揺らすほどの大きな拍手が起きました。

　そう、努力のかいあって、観客は200人以上にふくれ上がっていま

図2-11
仮説と分析結果を比較する

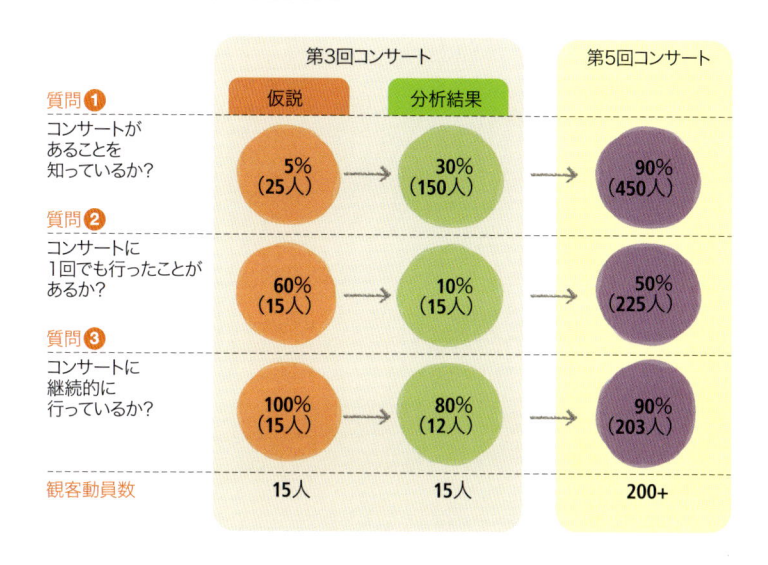

	第3回コンサート		第5回コンサート
	仮説	分析結果	
質問❶ コンサートが あることを 知っているか？	5% （25人）	30% （150人）	90% （450人）
質問❷ コンサートに 1回でも行ったことが あるか？	60% （15人）	10% （15人）	50% （225人）
質問❸ コンサートに 継続的に 行っているか？	100% （15人）	80% （12人）	90% （203人）
観客動員数	15人	15人	200+

した。3人はみんなを感動の渦に巻き込んだのです。

「キノコ！　キノコ！」「ハンペン！　ハンペン！」「ナスビ！　ナスビ！」。やまない声援……。

　恥ずかしながらも顔を見合わせると、3人とも感動して泣いています。キノコちゃんは、そんなナスビくんとハンペンくんを見て、顔をぐちゃぐちゃにしながらも「おい、ハンペン。ナスビ。だらしないなぁ。泣いちゃダメじゃん。本当に頼りないんだから……」と言ったかと思えば、急に2人に向かってペコリと頭を下げました。

「本当にありがとう。ありがとうね」

3限目

目標を設定し、達成する方法を決める

ひとつの大きな夢を、いくつかの小さな目標に置き換える

　問題解決キッズは、常に具体的な目標を持っています。ひとつの大きな夢を成し遂げるには、長期的な目標と短期的な目標を同時に立てていきます。

　この数年どうするか、この数カ月どうするか、今日どうするか、というように、より具体的な目標を立てて達成する方法を考え、行動するのです。

　今回は、CGアニメの映画監督になることを夢見るタローくんが、パソコンを手に入れるまでのストーリーを見ていきます。「パソコンを買う」という目標を達成するまでには、大きく分けると、次のような段階があります。

❶ 目標を設定する
❷ 目標と現状のギャップを明確にする
❸ 仮説を立てる
　　３Ａ　選択肢を幅広く洗い出す
　　３Ｂ　選択肢を絞り込んで仮説を立てる
❹ 仮説が正しいかチェックする
　　４Ａ　仮説に沿って情報を集める
　　４Ｂ　データを分析し、チェックする

　目標とか仮説とかいっても、そんなに難しいものではありません。

2限目でナスビくんたちがやっていたように、身近なところから始められるものです。では、タローくんと一緒に考えていきましょう。

> **パソコンを手に入れるには？**

　はじめまして、タローです。今日はゴールデンウィークで学校がお休み。だから友だちのマサミちゃんとハリウッドのCGアニメ映画を観に行きました。
　すっごく感動した！　アニメーションの画像だけじゃなくて、ストーリーも面白かった。将来は、ハリウッドのCGアニメの監督になりたいなぁ！　新聞の見出しに「世界のＴＡＲＯ、アカデミー賞受賞」なんて出ちゃったりして。うわ、カッコいいかも。
　なぁんて夢を語ってみたものの、自分のパソコンさえ持ってないからなぁ。よぉーし、パソコンを手に入れよう。クリスマスカードとか年賀状を作ったりして、デザインとか覚えていきたいな。
　とすると、12月までにはあったほうがいいかもしれない。考えたら、

あと半年しかないんだな。

　パソコンって高いんだろうな。この間、お母さんに新しい携帯を買ってもらったから、これ以上頼むのは無理そうだ。今回は自分で手に入れる方法を考えてみよう……今いくら持ってたっけ？

　おこづかいは毎月3000円。それと、毎週土曜日にお隣の犬の散歩をしていて、1回300円のお手伝い賃をもらっているから、1ヵ月で1200円くらいになる。貯金は、お年玉の残りが20000円。

　でも、ＣＤだのゲームだの、なんだかんだでけっこうお金を使っちゃうから、あまり貯まらないんだよね。毎月使っている金額を調べてみたら、平均すると、1ヵ月で1450円だった。

　このままだと、あと半年ではパソコンを買えそうにないな……。

1　目標を設定する

　まずは目標を設定しましょう。タローくんの場合、どんな目標になるでしょう？　みなさんもちょっと考えてみてください。

　どんな答えになりましたか？
「パソコンがほしい」「パソコンを買う」など、シンプルに書いた人が多いかもしれません。

　これではまだ目標の設定としては不十分です。目標は達成しなければ意味がありません。あいまいなものだと、どうやって達成するのかが見えづらいので、「何を」「いくらのものを」「いつまでに」「どう

やって」など、なるべく具体的に決めることが重要です。

では、悪い例とよい例を見てみましょう。

> **Bad!** 「パソコンがほしい」「パソコンを買う」
> **Good!** 「どうすれば、半年以内に、60000円のさくら社製の中古パソコンを、人にお金を借りずに、お金を貯めて買うことができるか」

　悪い例は、内容があいまいで、何から始めたらよいのかがわかりません。思いつく解決案も、具体性のないものになってしまうでしょう。
　よい例では、何をすべきか、どこから始めるべきかがはっきりします。具体的な目標（＝60000円のさくら社製の中古パソコン）や、条件（＝人にお金を借りずに）、期日（＝半年以内に）などを書き出せれば、それが手がかりとなって、具体的な解決策を考えていくことができるのです。
「いくらするパソコンがほしいのか」がはっきりしていなければ、どれだけお金を貯めればよいのかわかりません。ひとくちにパソコンといっても、仕事に向いたものもあれば、絵を描くのに向いたものもあります。画面がきれいで音もよくて、などといい機能がそろっていれば、それだけ高くなるかもしれません。
　もちろん、新品か中古品かによっても値段は変わってきます。お店に行ったり、ホームページを見たりして調べてみましょう。そうすれば、機種レベルまで特定できます。

次に、「いつまでにほしいのか」によって、何をするか（解決案）が変わってきます。たとえば、3年後でも5年後でもいいや、ということであれば、毎月のおこづかいをコツコツ貯めるだけでいいかもしれません。でも、タローくんのように半年しかないのであれば、もっと別の解決案が必要になるでしょう。

同様に、「どうやったらできるか」「何をすべきか」といった、「行動」に結びつけた項目も入れれば、さらに具体的な解決案を考えることができます。

逆に、「○○はしない」「○○はやめておいたほうがいい」といった制約条件を入れるのもいい方法です。タローくんの例でいえば「人にお金を借りずに」というところです。

このように、目標が具体的であればあるほど、解決策も効果的で、しかも実現の可能性が高いものが浮かんでくるのです。

ポイントは、頭の中だけで考えるのではなく、実際に紙に書き出してみることです。「どのような」「いつまでに」「どうやって」「何のために」など、自分で自分に質問をしながら書いていくとよいでしょう。

2　目標と現状のギャップを明確にする

目標を設定したら、まず現状とのギャップがどれだけ大きいかをチェックします。

ギャップが小さければ、すぐに解決案が思い浮かぶかもしれません。

もし、ギャップが大きく、簡単に達成できないような目標であれば、いろいろな打ち手を考える必要が出てきます。

タローくんのケースで考えてみましょう。

現状では、貯金額が20000円。おこづかいが月3000円で、お手伝い賃は犬の散歩が週1回300円（月1200円）なので、毎月入るお金は4200円（3000円+1200円）。

それに対して、1カ月当たりの平均で見た出費は、1450円です。

今のままでいけば、半年たっても23500円足りません。

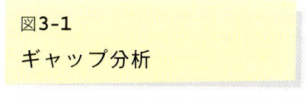

図3-1
ギャップ分析

半年後の貯金額とさくら社製パソコンの値段とのギャップ
今のままでは23500円足りない

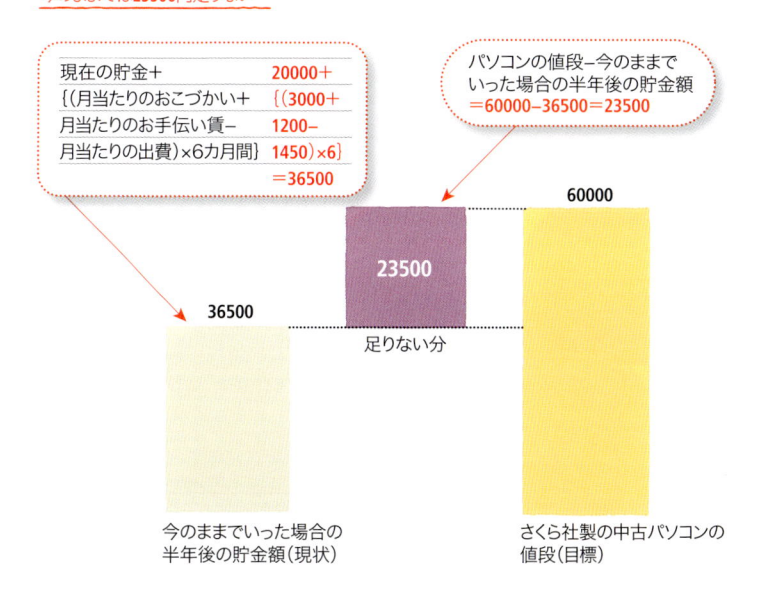

現在の貯金＋　　　　　　　20000＋
{(月当たりのおこづかい＋　 {(3000＋
月当たりのお手伝い賃－　　 1200－
月当たりの出費)×6カ月間}　1450)×6}
　　　　　　　　　　　　　＝36500

パソコンの値段－今のままでいった場合の半年後の貯金額
＝60000－36500＝23500

60000

23500

36500

足りない分

今のままでいった場合の　　　さくら社製の中古パソコンの
半年後の貯金額（現状）　　　値段（目標）

3A　選択肢を幅広く洗い出す

> （タローくんの胸の内）
> ほしいパソコンも決まったし、期限も半年以内にした。さて、60000円を貯める方法を考えなくっちゃ。
> でも、どうすればいいんだろう。うなっているだけじゃ、いいアイディアが浮かばないなあ。どうしよう……。

「どうすれば、半年以内に、60000円のさくら社製の中古パソコンを、人にお金を借りずに、お金を貯めて買うことができるか」という目標を設定し、このままのペースだと23500円足りないことがわかったタローくん。

では、次は何をしたらよいのでしょうか。どんな解決策がありうるか、ちょっと「仮説」を立ててみましょう。どんなアイディアが浮かんできましたか？

- 「お母さんに買ってもらう」
- 「宝くじが当たれば買えるかも」
- 「出費を減らす、ガマンする」
- 「貯金を増やす」

いきなり解決策を考えろと言われても、ぱっと思いつくことはそんなに多くはないですよね。

普通は、過去に見たこと、聞いたこと、経験したことのあるものし

か浮かんでこないものです。「これまで 60000 円も貯めたことないから無理だ」なんて、すぐあきらめてしまう人もいるかもしれません。

　でも、１限目で紹介した「分解の木」を使えば、いろんな解決策を考えることができるようになります。初めにたくさんのアイディアを書き出し、うまくいかなそうなものを削っていけばよいのです。最初にいいアイディアがたくさん浮かべば浮かぶほど、目標を達成するいい案が浮かぶ可能性が高まります。

　タローくんは次ページのような「分解の木」を作ったようです。

図3-2

タローくんの「分解の木」

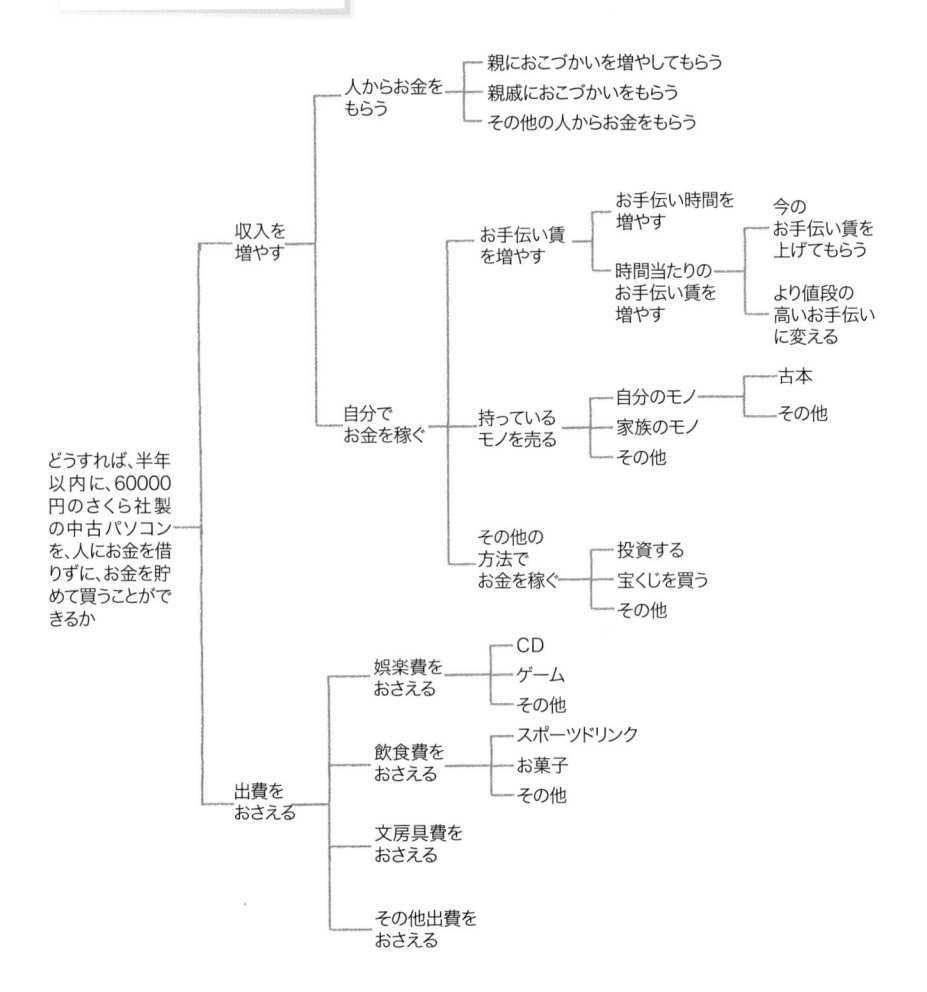

```
                                    ┌─ 親におこづかいを増やしてもらう
                   ┌─ 人からお金を ──┼─ 親戚におこづかいをもらう
                   │   もらう         └─ その他の人からお金をもらう
                   │
                   │                                    ┌─ お手伝い時間を
                   │                                    │   増やす
                   │                  ┌─ お手伝い賃 ──┤                      ┌─ 今の
       ┌─ 収入を ──┤                  │   を増やす        │                      │   お手伝い賃を
       │   増やす  │                  │                    └─ 時間当たりの ──┤   上げてもらう
       │           │                  │                        お手伝い賃を       │
       │           │                  │                        増やす              └─ より値段の
       │           │                  │                                                高いお手伝い
       │           │                  │                                                に変える
       │           │                  │
       │           └─ 自分で        ─┤                  ┌─ 自分のモノ ──┬─ 古本
       │               お金を稼ぐ     │                  │                 └─ その他
       │                              ├─ 持っている ──┼─ 家族のモノ
       │                              │   モノを売る     └─ その他
どう    │                              │
すれば、│                              │
半年   │                              │                  ┌─ 投資する
以内に、├─                             └─ その他の    ──┼─ 宝くじを買う
60000円│                                   方法で          └─ その他
のさくら│                                   お金を稼ぐ
社製の │
中古パ │                                    ┌─ CD
ソコンを│                   ┌─ 娯楽費を ──┼─ ゲーム
、人に │                   │   おさえる     └─ その他
お金を │                   │
借りず │                   │                  ┌─ スポーツドリンク
に、お │                   ├─ 飲食費を    ──┼─ お菓子
金を貯 ├─ 出費を       ──┤   おさえる       └─ その他
めて買 │   おさえる        │
うこと │                   ├─ 文房具費を
ができ │                   │   おさえる
るか   │                   │
       │                   └─ その他出費を
                               おさえる
```

まず、「収入を増やす」「出費をおさえる」と大きく2つに分けます。

次に、収入を「どうやって」増やすか考えると、「人からお金をもらう」か「自分でお金を稼ぐ」という、2つが浮かんできます。

出費をおさえるほうは、何の出費をおさえるかを考えてみます。飲食か、娯楽か、文房具か、項目別に思い出してみるとよいでしょう。

このように、「だれに」「どうやって」「具体的に何を」「ほかには」など、自分に何回も問いかけていくことによって、打ち手の幅を広げると同時に具体性を高めることができるのです。

最後にひとつ、注意点。完璧な木を作ることにとらわれないでください。目的はあくまで、「分解の木」を利用して具体的なアイディアをモレなくダブリなく多く出すことです。

3 B　選択肢を絞り込んで仮説を立てる

次は、いったん可能な限り広げた「分解の木」を絞っていきます。全部を実行に移すのは無理なので、実現できそうもないもの、効果が期待できないもの、時間がかかりすぎてしまいそうなものなどを消していくのです。

また、自分の価値観に合わないもの、自分らしくないものを消しましょう。無理してやっても続きませんから。タローくんの場合、今回は自分でお金を貯めようと決心したので、「親におこづかいを増やしてもらう」「親戚(しんせき)におこづかいをもらう」という手はやめにしました。また、勉強もしなくちゃいけないし、部活にも力を入れたいので、こ

図3-3 分解の木を絞り込む

■ 面白そうな打ち手

メインの問い： どうすれば、半年以内に、60000円のさくら社製の中古パソコンを、人にお金を借りずに、お金を貯めて買うことができるか

- 収入を増やす
  - 人からお金をもらう　←〔人からお金をもらうのは気がひけるな。今回は自分の力でがんばろう！〕（×）
    - 親におこづかいを増やしてもらう
    - 親戚におこづかいをもらう
    - その他の人からお金をもらう
  - 自分でお金を稼ぐ
    - お手伝い賃を増やす
      - お手伝い時間を増やす　←〔勉強と部活に専念したいから、お手伝いの時間は増やせないな〕（×）
      - 時間当たりのお手伝い賃を増やす
        - 今のお手伝い賃を上げてもらう　←〔これ以上お手伝い賃は上がらなさそうだな〕（×）
        - **より値段の高いお手伝いに変える**
    - 持っているモノを売る　←〔そうか、マンガとかいらなくなったモノを売れば、お金が稼げるかも〕
      - 自分のモノ
        - **古本**
        - その他
      - 家族のモノ
      - その他
    - その他の方法でお金を稼ぐ
      - 投資する（×）
      - 宝くじを買う（×）　←〔投資の仕方はわからないし、宝くじも当たりそうにないな〕
      - その他
- 出費をおさえる
  - **娯楽費をおさえる**
    - **CD**
    - **ゲーム**　←〔CDとゲームは高いから、ガマンすればけっこう出費をおさえられるかも〕
    - その他
  - 飲食費をおさえる
    - スポーツドリンク
    - お菓子
    - その他
  - 文房具費をおさえる
  - その他出費をおさえる

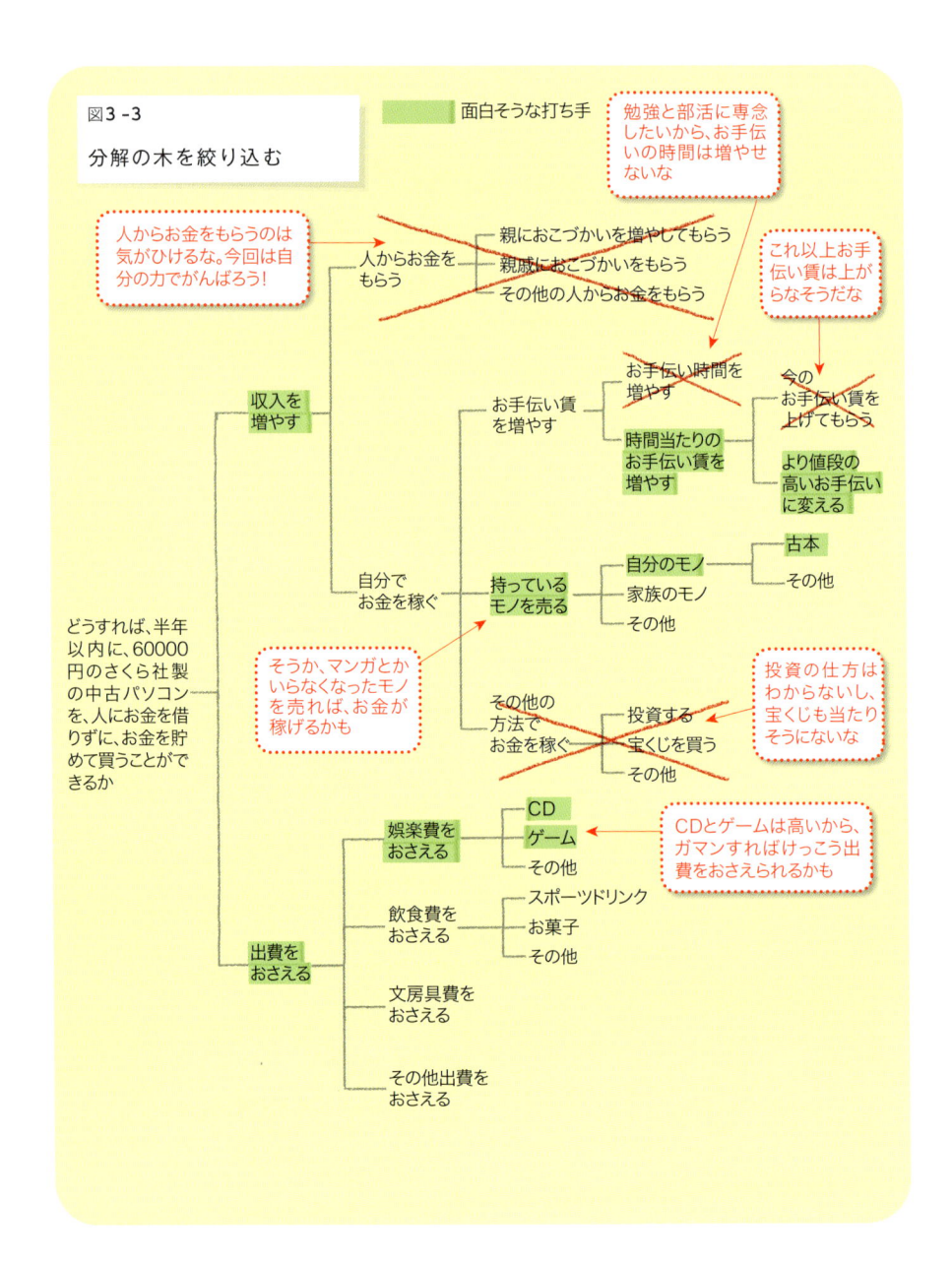

れ以上「お手伝い時間を増やす」のはいやだなあと思い、消すことにしました。

こうして、絞り込んだ「分解の木」をもとに仮説を立てるのです。

タローくんは結局、「CDやゲームを買うのをガマンして、いらない本を売って、より値段の高いお手伝いをすれば半年以内にさくら社製のパソコンを買えるのでは」という仮説を立てました。

これを「仮説の木」で表してみましょう。「分解の木」に似ているようですが、こちらは、話の筋道を整理するのに役に立つ木です。

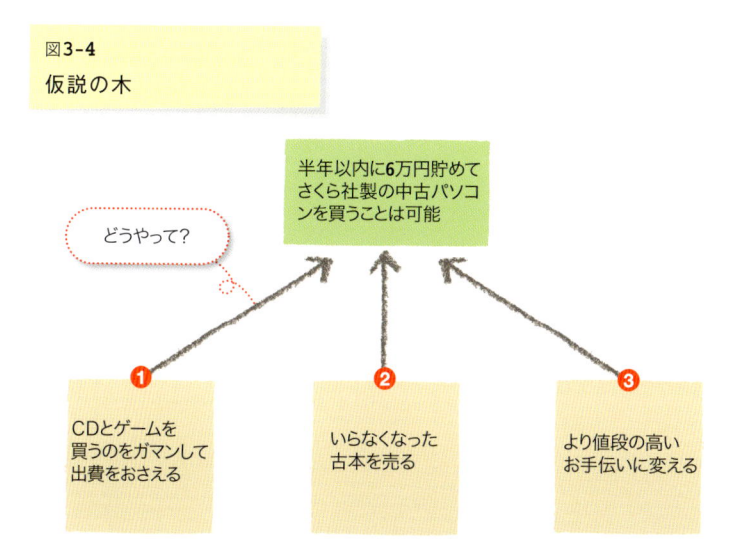

図3-4
仮説の木

半年以内に6万円貯めてさくら社製の中古パソコンを買うことは可能

どうやって？

❶ CDとゲームを買うのをガマンして出費をおさえる

❷ いらなくなった古本を売る

❸ より値段の高いお手伝いに変える

では、なぜこれが解決策ではなく、あくまで仮説なのでしょう？　それは、今の時点では、まだ正しいかどうかわからないからです。

とはいえ、仮説を立てれば、調べることが明確になるので、行き当

たりばったりで情報収集するより、はるかに楽になります。

　たとえば、「より値段の高いお手伝いに変える」といっても、今の300円の犬の散歩より高いお手伝いがあるかどうかは、調べてみないとわかりませんよね。

　そんなとき、仮説があれば、「ほかの家で犬の散歩をすると、いくらもらえるんだろう？」「そういえば、前に友だちのユースケくんが何かのお手伝いで1回800円もらっているって言ってなかったっけ」といった情報を集めやすくなるし、行動もしやすくなります。

　仮説は間違っていてもよいのです。間違っていることに気づいたら、仮説を修正すればよいだけの話です。

　大事な判断をするときには、一歩踏み込んで考えたり、調べたりすることが、遠回りに見えても、結局は目標を達成する早道になることが多いのです。

tool

仮説の木
話の道筋を整理する

　情報収集を始める前に、「仮説の木」を使って、あらかじめ仮の結論とその根拠を明確にしておきましょう。そうすれば、何を検証すればよいのか、そのためにはどのような情報が必要なのかがより具体的になります。もし、情報を収集する時間があまりなくて、すぐ決断しなくてはならない時にも、思考と結論にブレがないかをぱっとチェックすることができます。

　慣れれば、たいしたことはありません。では、演習問題をやってみましょう。以下の箱を並び替えて仮説の木を作ってみてください。

【演習問題 1】
「仮説の木を作ろう」

問1)

- 部活は楽しい
- 中学校生活は楽しい
- お弁当の時間、休み時間は楽しい
- 授業は楽しい

問2)

- マグロは魚だ
- マグロは魚であるから、泳ぎが得意だ
- 魚は泳ぎが得意だ

3限目　目標を設定し、達成する方法を決める

tool　仮説の木

　できましたか？　さて、答え合わせです。

　問1は、並列型と呼ばれるもので、結論と、それを支える根拠や方法を並べるものです。「中学校生活は楽しい」というのが結論で、「授業は楽しい」「部活は楽しい」「お弁当の時間・休み時間は楽しい」が3つの根拠ですね。
　この3つは、同じレベルのものなので、順番も関係ありませんし、1つなくなっても、1つ増えても、「結論との関係」には変わりがありません。これが並列型の特徴です。

問1）解答例

下の段に置かれる箱が1つ欠けても、全体は成り立つ

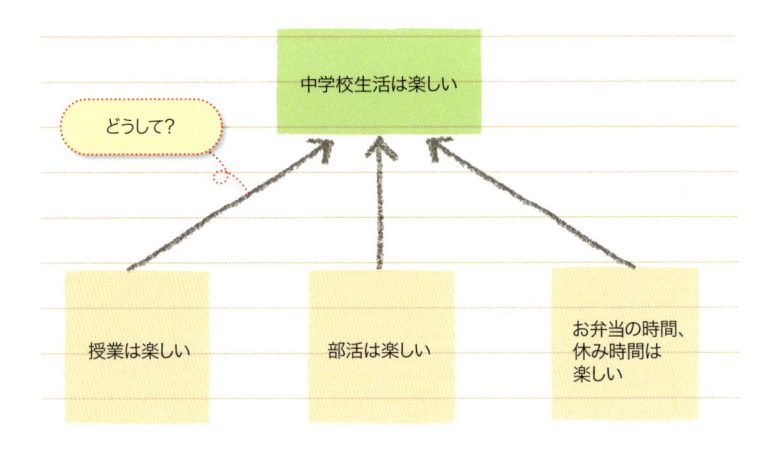

中学校生活は楽しい

どうして？

授業は楽しい　　部活は楽しい　　お弁当の時間、休み時間は楽しい

問2は、解説型、もしくは三段論法と呼ばれるもので、2つの前提から結論を導き出すものです。「魚は泳ぎが得意だ」と「マグロは魚だ」が前提で、その2つを組み合わせると「マグロは魚であるから、泳ぎが得意だ」という結論が出るのです。
　この場合、前提のどちらかが欠けると、結論が出ません。

問2）解答例

どの箱が欠けても成り立たない

```
[魚は泳ぎが得意だ] ＋→ [マグロは魚だ] ＝→ [マグロは魚であるから、泳ぎが得意だ]
```

　以上のように、仮説が正しいかどうかを検証するには、こうやって1つずつ「根拠」や「前提」が正しいことをチェックしていけばよいのです。

4 A　仮説に沿って情報を集める

> タローです。「分解の木」と「仮説の木」を使って、なんとか「ＣＤやゲームを買うのをガマンして、いらない本を売って、より値段が高いお手伝いをすれば、半年以内にさくら社製の中古パソコンを買えるのでは」という仮説を立てることができました。
> でも、これが本当に正しいかどうか、まだわからないんだよね。どうすれば、仮説が本当に正しいか確認することができるんだろう。

　では、仮説を検証してみましょう。タローくんの仮説では、「ＣＤやゲームをガマンすれば、そうとう節約できる」と考えたわけですが、どうでしょう？

　これが正しいかどうかをチェックするには、「そもそもＣＤやゲームにどれくらいお金を使っていたのか」「ＣＤやゲームを買わなかったとすると、いくら貯金に回せるのか」を分析する必要があります。

　そのためには、最近（たとえば、過去３カ月）、何を買ったかを思い出す必要があります。毎月どのくらいお金を使っていたのか、ＣＤやゲームはそのうちどのくらいを占めていたのかなどを調べなくてはなりません。

　仮説を検証するときは、なるべく事実に基づいた数字やデータを使ってチェックすることが大切です。自分がなんとなく（感覚で）正しいと思っていたことが実は思い違いだった、ということはよくあるか

らです。

　では、何を分析しなければいけないのか。分析をするには、どんな情報が必要で、どうやったらその情報を入手できるのか。2限目と同じように、タローくんは「課題分析シート」で整理してみました。

図3-5
課題分析シート

課題	仮説	根拠	分析・作業	情報源
❶ 出費はどのくらい下げられるか	CDとゲームを買うのをガマンするだけで、出費の5割は減らせるのではないか	ぼくが買うモノのなかでCDとゲームが一番高いから	▶ 出費分析：今まで何にお金を使っていたかを思い出して、どれくらい出費を減らせるかを分析する	▶ 過去3カ月間の出費を思い出す
❷ 古本などいらなくなったものを売るといくら稼げるか	500円くらいしか稼げないかも	マンガ以外はあまり売れるモノがなさそう	▶ 売りモノ探し：自分の部屋や家の物置で売れるモノを探す ▶ いくらで売れるか聞き込み調査：古本屋さんなどで何がいくらで売れそうか聞く	▶ 自分の部屋、家の物置 ▶ 古本屋のおじさんなどインタビュー
❸ 働く時間を増やさずにお手伝い賃をいくらまで増やせるか	違うお手伝いに変えれば、1回1000円くらい稼げないか	ユースケくんは何かのお手伝いで800円もらってるって聞いたことがある	▶ 友だちのお手伝い調査：友だち5人に、何のお手伝いでいくらもらっているかを聞く ▶ 近所のお手伝い調査：近所の人5人に、もっと高いお手伝いがないかを聞いてみる	▶ 友だちインタビュー ▶ 近所の人インタビュー

これでやるべきことがはっきりしました。タローくんは、以下の5つをやる必要があることがわかりました。

- 出費分析
- 売りモノ探し
- （売りモノが）いくらで売れるか聞き込み調査
- 友だちのお手伝い調査
- 近所のお手伝い調査

4 B　データを分析し、チェックする

> 　タローです。なんとか仮説のチェックに必要な情報収集が終わりました！　友だちにお手伝いのことを聞いたり、今までのお金の使い方を思い出したりして、必要な情報を全部集めることができたんだ。
> 　でも、情報をただ並べただけじゃ、何をすればいいかわからないんだよね。集めたデータがどんな意味を持つのか、考えてみなくちゃ！

　データを集めたら、いよいよ分析の作業に入ります。グラフや表を作って整理してみることで、その情報が何を意味しているのかが明確になります。
　分析はやってみないとなかなか身につかないので、タローくんの話

を例に実際にグラフを描いて意味合いまで考えてみてください。

　タローくんは、パソコンを買うために必要な23500円のギャップを埋めるために、「ＣＤやゲームの出費を減らす」「古本などいらなくなったものを売る」「お手伝い賃を上げる」という３つのことをやればよいという仮説を立てました。

　本当にそうなのかどうかを確かめるには、以下の３つをチェックする必要があります。

　　分析 ❶：毎月の出費をどれだけ減らせるか
　　分析 ❷：いらないものを売ったら、いくらの収入を得られるか
　　分析 ❸：お手伝い賃はどれだけ上げられるか

分析❶　毎月の出費をどれだけ減らせるか

　ここではまず、これまでの出費の内容を全部洗い出してから分析に入ります。

　タローくんはこれまでの３カ月、何にどれくらいお金を使ったか思い出してみました。
「先月は800円のゲームを買った。2カ月前にＣＤを1000円で買った。あとは、何にお金を使ってたっけ？　毎週1回、部活のあとに350ミリリットル缶のスポーツドリンクを買ってるから、100円×４で、毎月400円。あとは、大好きなマンガとお菓子かな……」

　次ページがタローくんが思い出した出費のデータです。

図3-6
出費分析

1カ月前の出費			2カ月前の出費			3カ月前の出費		
スポーツドリンク(缶)：	100円		スポーツドリンク(缶)：	100円		スポーツドリンク(缶)：	100円	
スポーツドリンク(缶)：	100円	400円	スポーツドリンク(缶)：	100円	400円	スポーツドリンク(缶)：	100円	400円
スポーツドリンク(缶)：	100円		スポーツドリンク(缶)：	100円		スポーツドリンク(缶)：	100円	
スポーツドリンク(缶)：	100円		スポーツドリンク(缶)：	100円		スポーツドリンク(缶)：	100円	
マンガ：	350円		マンガ：	350円		マンガ：	350円	
お菓子：	100円		お菓子：	100円		お菓子：	100円	
ゲーム：	800円		CD：	1000円				
合計	1650円		合計	1850円		合計	850円	

1カ月平均の出費額は、(1650円＋1850円＋850円)÷3＝1450円

商品別に1カ月平均出費額を見ると
- ▶ スポーツドリンク(缶)：(400円×3カ月)÷3＝ 400円
- ▶ マンガ：(350円×3カ月)÷3＝ 350円
- ▶ お菓子：(100円×3カ月)÷3＝ 100円
- ▶ ゲーム：800円÷3＝ 267円（四捨五入）
- ▶ CD：1000円÷3＝ 333円（四捨五入）

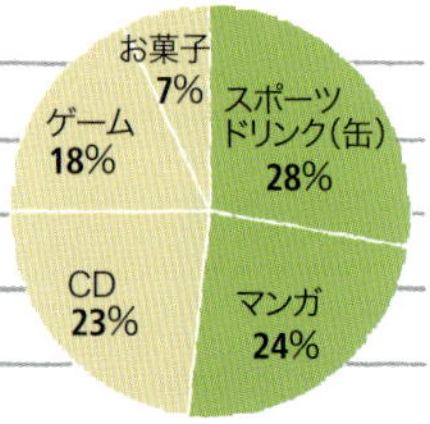

お菓子 7%
ゲーム 18%
スポーツドリンク(缶) 28%
CD 23%
マンガ 24%

　1カ月に平均して1450円使っていることがわかりました。
　また、何にいくら使っているかを知るために、スポーツドリンクやマンガなど、商品別に計算しなおしてみました。スポーツドリンクに400円、マンガに350円、一見高そうなＣＤはいつも買うわけじゃないから、1カ月当たりで考えれば333円……。

タローくんは最初のうち、ＣＤやゲームにおこづかいの大部分を使っていると思い込んでいました。でも本当は、単価が安いスポーツドリンクやマンガに使っている金額のほうが、ＣＤやゲームよりも多かったのです！

　このように、事実や数字、データを集めることは、思い込みや勘違いを避けるのに大変役に立つのです。

　では、スポーツドリンクやマンガもガマンしたほうがいいのでしょうか？　タローくんは悩みました。

「でもなぁ、部活のあとはのどが渇くし、みんなが自動販売機で缶ドリンクを買ってるのに、自分だけガマンするのはきっと無理だろう。マンガもやめちゃうと、友だちとの話題についていけなくなるし。毎週楽しみにしているから、やっぱり読み続けたいなぁ……」

　どうやら、ガマンできることと、どうしてもガマンできないことがあるようです。

「ガマンできること」
・ＣＤを買うこと
・ゲームを買うこと

「ガマンできないこと」
・部活の後、スポーツドリンクを飲むこと
・大好きなマンガを買うこと
・お菓子を買うこと

　そこで、「出費額が多いか少ないか」に加え、「ガマンできるかどうか」をあわせて判断することにしました。

ここでも2限目と同じように、縦横2軸のマトリックスを使って整理すると、何から削っていくべきか、優先順位がはっきりとわかるようになります。下の図を見てみましょう。

　金額で見ると、スポーツドリンクとマンガをやめるのが一番効果的ですが、どうしてもガマンできない。CDとゲームであれば、金額がそこそこ大きいうえ、ガマンできるので、こちらの出費を削ることにしました。

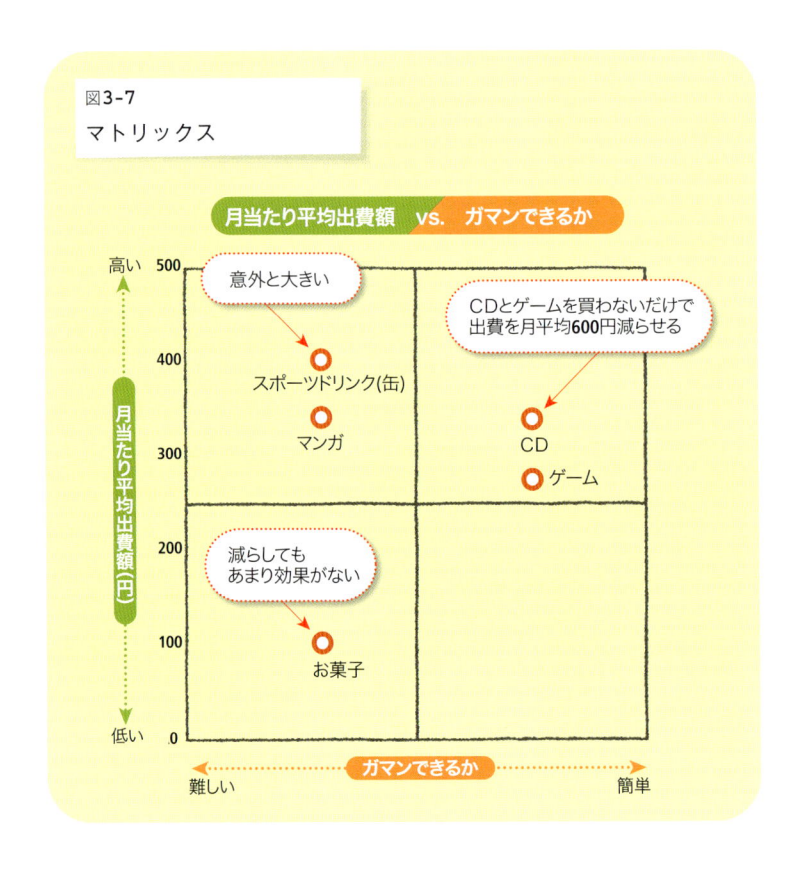

図3-7
マトリックス

月当たり平均出費額　vs.　ガマンできるか

- 意外と大きい → スポーツドリンク(缶)、マンガ
- CDとゲームを買わないだけで出費を月平均600円減らせる → CD、ゲーム
- 減らしてもあまり効果がない → お菓子

縦軸：月当たり平均出費額（円）　高い／低い
横軸：ガマンできるか　難しい／簡単

とはいえ、それだけでは足りません。どうにか出費を下げる方法がないか考えてみる価値がありそうです。

そこで、タローくんはアイディアを絞った末、いいことを思いつきました！　スポーツドリンクは缶で買うのではなく、粉末タイプを買って水筒に入れていけば、もっと安く済むことがわかりました。

マンガも、友だちとお金を出し合って一緒に買えば、半分ですみます。つまり出費を5割減らすことができるのです。

タローくんは、減らせる額を一覧にしてみました。

図3-8
減らせる金額一覧表

月平均出費額

出費項目	どうする？	これまで	これから	削減額
スポーツドリンク	粉末タイプに変える(50%削減)	400円 →	200円	200円
マンガ	友だちと一緒に買う(50%削減)	350円 →	175円	175円
CD	ガマンする(100%削減)	333円 →	0円	333円
ゲーム	ガマンする(100%削減)	267円 →	0円	267円
お菓子	これまでどおり買う	100円 →	100円	0円
合計		1450円	475円	975円

こうして、月当たりの出費額を1450円から475円まで削減することができました。半年間（6カ月）で5850円、減らすことができます。

そこで、これまでのギャップ23500円から、5850円を差し引いてみました。すると、思ったより節約できることがわかったけれど、それでもまだ17650円、足りないことがわかりました。

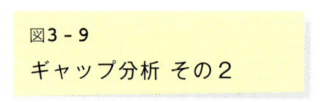

図3-9
ギャップ分析 その2

出費をおさえても、まだ17650円足りない

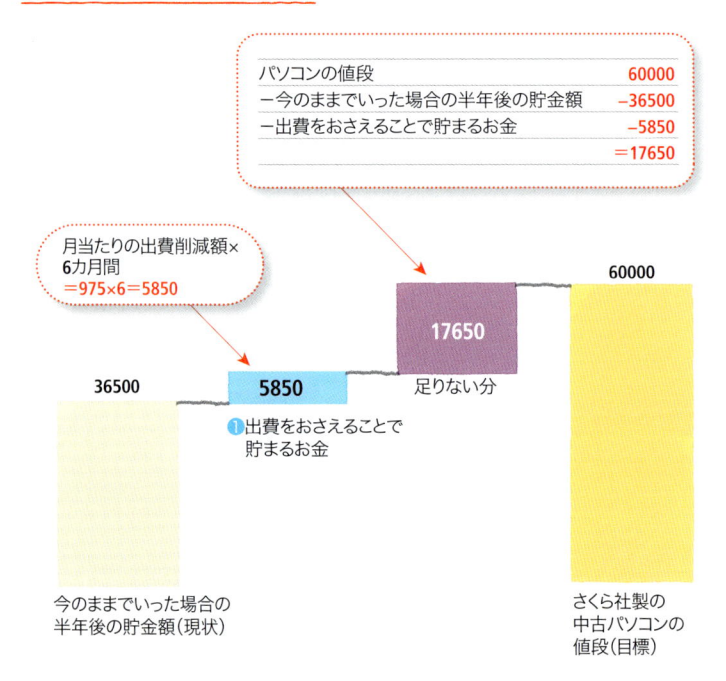

パソコンの値段	60000
ーー今のままでいった場合の半年後の貯金額	−36500
ーー出費をおさえることで貯まるお金	−5850
＝	17650

月当たりの出費削減額×6カ月間
＝975×6＝5850

36500
今のままでいった場合の半年後の貯金額（現状）

5850
❶出費をおさえることで貯まるお金

17650
足りない分

60000
さくら社製の中古パソコンの値段（目標）

分析 ❷ いらないものを売ったら、いくらの収入を得られるか

　出費をおさえても、60000円にはまだ17650円足りません。タローくんは自分の部屋や家の物置を調べて、もう使わなくなったもののうち、それなりに高く売れるものがないか探してみました。

　まず、自分の部屋や家の本棚を探してみると、もう読まなくなったマンガや絵本、だれも使っていない百科事典が見つかりました。古本屋さんで聞いてみると、「全部で2000円にはなるよ」と教えてくれました。

　次に、家の物置を探してみると、子供のころに使っていたグローブ、お父さんが大会で優勝してもらってきたけれど使ってないゴルフバッグ、もう着られなくなった子供服などがでてきました。

　お母さんに、パソコンを買うお金の足しにしたいから売ってもいいかどうか聞いてみると、「いいわよー。ちょうど、処分しなくちゃいけないと思っていたのよ」という返事が返ってきました。
「このゴルフバッグはなかなか高く売れるぞ！」と、タローくんは大喜び。リサイクルショップのおじさんに聞いてみると、2000円で買ってくれるとのことです。

　よし、これで合計4000円！　グローブと子供服は、友だちの弟にあげたら喜ぶだろうから、売るのはやめておこう。

　さて、目標の60000円まで、あとどれぐらいだろう？

図3-10
ギャップ分析　その3

古本とゴルフバッグを売っても、まだ13650円足りない

```
パソコンの値段                               60000
－今のままでいった場合の半年後の貯金額         －36500
－❶出費をおさえることで貯まるお金            －5850
－❷古本とゴルフバッグを売って貯まるお金       －4000
                                         ＝13650
```

古本代＋ゴルフバッグ代
＝2000＋2000＝4000

36500

❶ 5850
出費を
おさえることで
貯まるお金

❷ 4000
古本と
ゴルフバッグを
売って貯まるお金

13650
足りない分

60000

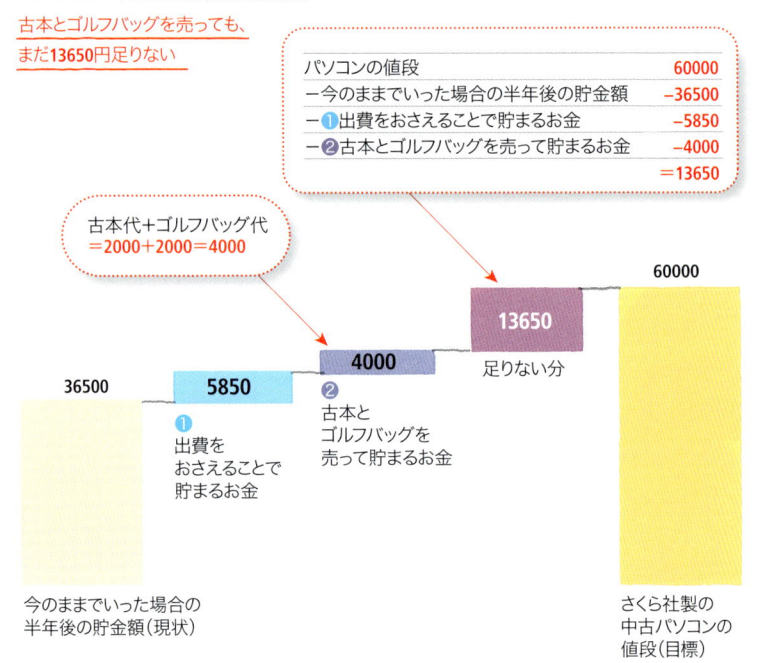

今のままでいった場合の
半年後の貯金額（現状）

さくら社製の
中古パソコンの
値段（目標）

　なるほど、残りのギャップは13650円か。
　よし、もっと高い収入が得られるお手伝いを探してみよう！

分析❸　お手伝い賃はどれだけ上げられるか

　お手伝い賃を上げられるかどうかを分析するには、より高いお手伝い賃をもらえるようなお手伝いがあるかを調べる必要があります。

まずタローくんは、5人のお友だちに、お手伝いの内容といくらもらっているかを聞いてみました。

- かずみちゃん：ベビーシッター　300円
- あけみちゃん：お母さんの英語教室のお手伝い　600円
- ナガオくん：犬の散歩　200円
- ユースケくん：ホームページ作り　800円
- こういちくん：洗車のお手伝い　200円

こうしてみると、1回に300円よりも多くもらっているのは2人だけ。それも、小学生のころからホームページを作っているユースケくんや、帰国子女のあけみちゃんのように、パソコンや英語といった特別な技術が必要なお手伝いだからということがわかりました。

一方、タローくんと同じ犬の散歩をしていても、200円しかもらっていない子もいます。

次に、ご近所で話を聞いてみました。でも、どこも似たりよったり。1回300円より多くもらえるお手伝いは見つかりませんでした。

- ササカワさん宅：庭の芝刈り　300円
- コグレさん宅：犬の散歩　300円
- イワタニさん宅：玄関のそうじ　200円
- サカモトさん宅：窓ふき　200円
- ヤマグチさん宅：犬の散歩　300円

ここであきらめてはいけません。よく見ると、犬の散歩を300円で

してくれる子を探している家が2軒あります。

　ここでタローくんは、今やっている犬の散歩をするとき、3匹まとめて散歩すれば900円になると気づきました！

　1回あたり、プラス600円。週1回、月に4回として、1カ月あたり2400円の収入アップです。なかなかいい思いつきに、タローくんも誇らしげです。

　これで半年分の収入が14400円増加。残りのギャップは13650円だから、これで半年後にはほしいパソコンが買えるはず！　やったぁ！

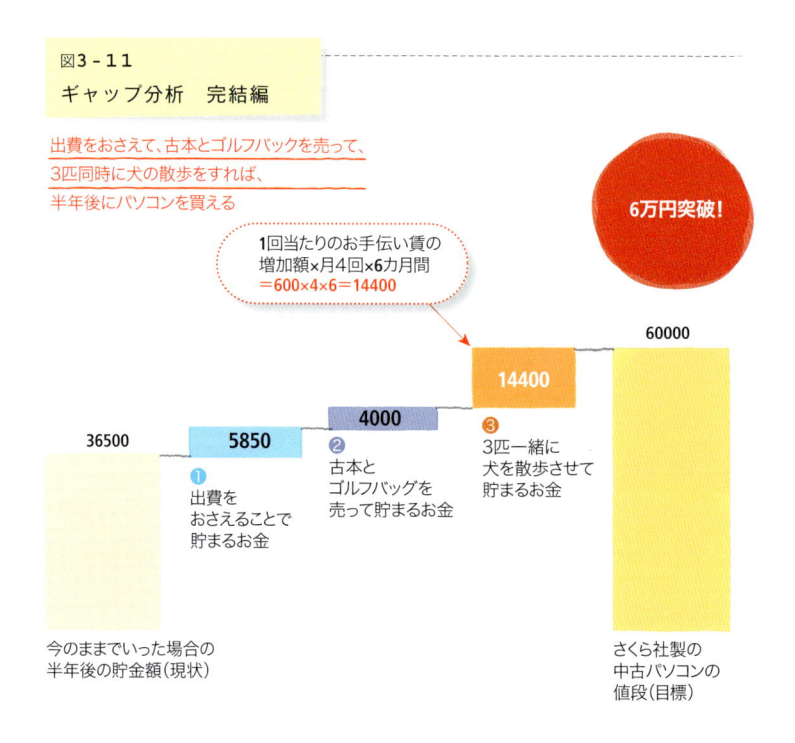

図3-11
ギャップ分析　完結編

出費をおさえて、古本とゴルフバッグを売って、
3匹同時に犬の散歩をすれば、
半年後にパソコンを買える

1回当たりのお手伝い賃の
増加額×月4回×6カ月間
＝600×4×6＝14400

6万円突破！

36500

❶ 5850
出費を
おさえることで
貯まるお金

❷ 4000
古本と
ゴルフバッグを
売って貯まるお金

❸ 14400
3匹一緒に
犬を散歩させて
貯まるお金

60000

今のままでいった場合の
半年後の貯金額(現状)

さくら社製の
中古パソコンの
値段(目標)

あとは実行するだけ！　でもそれが大事

> タローです。みなさん、ここまでつきあってくれてありがとう！　分析は難しかったけど、やっとパソコンを買う方法が見つかりました。この3つをやればパソコンを買うお金が半年後には貯まるはず。自分の力で、ここまでしっかり考えたのは、初めてだよ！
>
> この考え方って、いろんなことに使えるんだろうな。なんだか、何でもできそうな気がしてきたよ。ＣＧアニメの監督だって、夢じゃないかもしれないな！

　しかし、ここで満足してはいけません。最後に「実行」というハードルが残っています。考えただけで終わってしまっていては、何もかなわないですよね。

　目標を達成できるかどうかは「よいプランを立てる」×「しっかり実行する」という掛け算で決まってきます。よいプランがあっても、実行しなければダメだし、見当違いなプランでは、いくら一生懸命実行しても目標は達成できません。

　解決策を「確実に」実行するためには、いつ、何をするのかという「計画」を立てていくのが一番です。いろんな分析をしたのも、解決策を考えたのも、すべては目標を達成するため。解決策をひとつひとつ行動に落とし込んで、いつやるか、日付を入れていきましょう。

　また、途中途中でいくら貯まったかなど、どれくらい計画が進んでいるかをチェックするのもお忘れなく！

「けっこう、お金が貯まってきたんじゃないかな」というより、「あと1000円！」など、目標までの残りの距離が具体的に見えたほうが、最後まであきらめずに取り組むことができます。

　もしかすると、ゴールまであと少し、というところで「もうウチのお散歩はしてくれなくていいわ」なんて言われて、仕事が減ってしまうこともありえます。その場合は、新しくお手伝いをさせてくれるところを開拓しなくてはなりません。そうでなければ、ほかの方法を考えなくてはいけません。
　え？　無理？
　そんなことないですよ。ここまで来られたみなさんなら、絶対に新しいアイディアを考え出すことができるはず。なんといっても、一度仮説を立てたり、情報を集めて分析したりする経験をしているのですから。同じ考え方を使えばいいだけなんです。

　どんなことでもそうですが、100パーセント最初の予定どおりに事が進むことはめったにありません。勉強もそうだし、部活だってそうですよね。そんなとき、状況を突破する方法を、もうみなさんは知っているのです。
　自分で考えて、決めて、行動する、そして結果が出る——このサイクルをいったん経験すると、痛快ですよね。
　今からこの癖をつけておけば、自分で人生を切り開いていけるようになるはずです。

column

意思決定ツール
何かを決めるときに役に立つ

　何かを決めなくてはいけない時、優先順位をつける時、みなさんはいつもどうしていますか？　とくに意識はせず、頭の中に自然に浮かんできたものから決めているのではないでしょうか。
　この２つのツールを使えば、思いつきで考えるより、もっと質の高い意思決定ができるようになります。

ツール❶「よい点、悪い点」リスト
ツール❷「評価軸×評価」リスト

　これらのツールを使って実際に紙に書き出すことで、つい忘れてしまいそうなことも覚えておけますし、冷静な目で比較できるようになります。だから結果として、より質の高い意思決定ができるようになるのです。
　では、例を使って説明していきましょう。
　ミナミちゃんは１年間、アメリカの学校に留学したいと思っています。そろそろ、「どの学校に留学すべきか？」という問いに対し、答えを出さなくてはいけません。
　どのように意思決定すべきでしょうか？

ツール❶「よい点、悪い点」リスト

　これは、考えられるさまざまな選択肢について、それぞれによい点、悪い点を洗い出し、意思決定を間違いなくきちんとできるようにする方法です。

●**ステップ１**：選択肢を洗い出す
　まずは、どれぐらい候補がありうるのか、選択肢を洗い出してみましょう。
　ミナミちゃんの場合、いろいろなアメリカの学校があるなかで、A校、B校、C校の３つを現実的な有力候補として考えました。

●**ステップ２**：各選択肢について、よい点と悪い点を書き出す
　次に、選択肢それぞれについて、よい点と悪い点を、思いつくまま書き出します。いろいろな観点から比較できるよう、できるかぎりたくさん挙げるのがポイントです。
　ミナミちゃんも、A校、B校、C校について、右ページのようによい点と悪い点を書き出してみました。

●**ステップ３**：書き出した各項目について評価する
　ステップ２で書き出した各項目について、よい点は「＋」で、悪い点は「－」で、それぞれ３段階で評価します。

A校

入部する予定の水泳部が強い	海外留学生向けの英語のコースがない
憧れのニューヨークに近い	学生寮がない
学費が比較的安い（100万円）	冬はとても寒い
日本人の留学生が少ない	

B校

海外留学生向けの英語のコースがある	冬はとても寒い
憧れのニューヨークに近い	入部する予定の水泳部が弱い
学費が比較的安い（100万円）	
学生寮がある	
日本人の留学生が少ない	

C校

入部する予定の水泳部が非常に強い	海外留学生向けの英語のコースがない
気候がとてもよい	憧れのニューヨークから遠い
（一年中暖かく、晴れの日が多い）	学生寮がない
	日本人の留学生が多い
	学費が高い（200万円）

【よい点】

- 「すごくよい」 **＋＋＋**
- 「まあまあ」 **＋＋**
- 「よい点だが、あまり重要ではない」 **＋**

【悪い点】

- 「すごく悪い」 **－－－**
- 「やや悪い」 **－－**
- 「悪い点だが、あまり重要ではない」 **－**

A校

入部する予定の水泳部が強い	＋	海外留学生向けの英語のコースがない	− − −
憧れのニューヨークに近い	＋＋＋	学生寮がない	− −
学費が比較的安い（100万円）	＋＋	冬はとても寒い	− −
日本人の留学生が少ない	＋＋＋		
	合計+数＝9		合計−数＝7

B校

海外留学生向けの英語のコースがある	＋＋＋	冬はとても寒い	− −
憧れのニューヨークに近い	＋＋＋	入部する予定の水泳部が弱い	−
学費が比較的安い（100万円）	＋＋		
学生寮がある	＋＋		
日本人の留学生が少ない	＋＋＋		
	合計+数＝13		合計−数＝3

C校

入部する予定の水泳部が非常に強い	＋	海外留学生向けの英語のコースがない	− − −
気候がとてもよい	＋＋	憧れのニューヨークから遠い	− − −
（一年中暖かく、晴れの日が多い）		学生寮がない	− −
		日本人の留学生が多い	− − −
		学費が高い（200万円）	− −
	合計+数＝3		合計−数＝13

ミナミちゃんは、上の図のように、各選択肢を評価しました。

● **ステップ4**：最も魅力的な選択肢を選ぶ

　各項目の評価が終わったら、各選択肢のよい点、悪い点を比較して、自分にとって最も魅力的な選択肢を選びましょう。

　ミナミちゃんは、3つを見比べたうえで、＋の点数が高く、−の点数が低いB校を選ぶことにしました。

ツール❷ 「評価軸×評価」リスト

　同じくミナミちゃんの留学先選びの問題を、今度は「評価軸×評価」リストを使って考えてみましょう。これは同時にたくさんの選択肢を比較するときに役に立ちます。

●**ステップ1**：選択肢を洗い出す

　ツール①と同様、選択肢を洗い出します。ミナミちゃんの場合は、A校、B校、C校の3つです。

●**ステップ2**：各選択肢について、評価軸を書き出す

　次に、評価軸を洗い出します。自分にとって欠かせない条件、あったほうがいいものなど、なるべく数多く書き出してみてください。
　ミナミちゃんの場合は、以下のような評価軸を思いつきました。

・日本人の留学生の少なさ
・入部する予定の水泳部の強さ
・憧れのニューヨークへの近さ
・学生寮の有無
・学費の安さ
・気候のよさ
・海外留学生向けの英語のコースの有無

●**ステップ3**：各評価軸の重要度を決める

　次に、評価軸そのものの重要度を決めます。おそらく、全部の選択肢が同じような重みを持つわけではなく、自分にとって大切なものがあるはずです。それぞれ「高」「中」「低」の3段階で評価し、重要度の高いものから低いものの順に並べ替えてみましょう。

　ミナミちゃんの場合、どうしても譲れない項目は3つありました。

・海外留学生向けの英語のコースの有無：高
・日本人の留学生の少なさ：高
・憧れのニューヨークへの近さ：高
・学費の安さ：中
・学生寮の有無：中
・気候のよさ：中
・入部する予定の水泳部の強さ：低

評価軸	評価軸の重要度	A校	B校	C校
海外留学生向けの英語のコースの有無	高	+（ない）	+++（ある）	+（ない）
日本人の留学生の少なさ	高	+++（少ない）	+++（少ない）	+（多い）
憧れのニューヨークへの近さ	高	+++（近い:45分）	+++（近い:30分）	+（遠い:5時間）
学費の安さ	中	++（比較的安い:100万円）	++（比較的安い:100万円）	+（高い:200万円）
学生寮の有無	中	+（ない）	+++（ある）	+（ない）
気候のよさ	中	+（冬はとても寒い）	+（冬はとても寒い）	+++（とてもよい）
入部する予定の水泳部の強さ	低	++（強い）	+（弱い）	+++（とても強い）
総合評価		++	+++	+

● **ステップ4**：各選択肢を評価する

ステップ3で選んだ評価軸の順に、各選択肢を比較してみましょう。5段階でも3段階でもいいですし、具体的な数字や文をメモとして記入してもよいです。

ミナミちゃんは上の図のように3段階で評価しました。

● **ステップ5**：最も魅力的な選択肢を選択する

いよいよ、すべての選択肢を見比べて、総合評価を下します。そのときは、重要度が高い評価軸（リストの上の方にある項目）に着目して意思決定をしましょう。

ミナミちゃんの場合、B校がその条件を満たしているようです。C校は「気候のよさ」「入部する予定の水泳部の強さ」などの評価は高いですが、ミナミちゃんにとって重要度が低い項目なので、総合評価が下がったということです。

あとがき
ご父母、教師の皆様へ

　問題解決能力を身につければ、より主体的に生きることができるようになります。多面的に物事を見る力、本質を見極める力、打ち手を具体的な行動に落とし込む力を鍛えることができるからです。

　単に論理的思考を磨くものではなく、あくまで問題の本質を明確にし、解決案を具体的な打ち手まで落とし込み、行動を起こすためのものですから、「頭でっかち」の人間を育てるものでもないですし、創造性を阻害するものでもありません。

　問題解決能力に似たクリティカル・シンキング（批判的思考）は、米英の一部の学校で、国語や歴史などの授業を通じて教えられています。次世代リーダーを育てるために、まず感情を揺さぶるような刺激を与えて問題意識を持たせたうえで、「問題の本質は何なのか」「自分だったらどうするか」を問いかけることで、リーダーとしての責任感や意思決定能力を身につけさせ、個人の価値観を結晶化させるのです。

　私自身は、中学二年生からアメリカで教育を受けたのですが、最も衝撃的だったのがグリニッチハイスクール（Greenwich High School）での米国史の授業でした。

たとえば、公民権運動を取り上げる際は、黒人差別の映像——子供も女性も圧力ホースで吹き飛ばされ、警察犬にかみつかれる様子——を、あらゆる人種が混在するクラスメイト全員で見るのです。生々しい感情や体験を、目の前につきつけられました。さらに、キング牧師の自伝はもちろん、弾圧する側だったＫＫＫ（クー・クラックス・クラン）の資料や、関連する小説を読み、多様な視点で考えることを求められました。
　単に教科書の一行に記された数字や事実を暗記するのではなく、映像や小説なども活用して、その時代の社会的環境、そこにいたるさまざまな人々の感情やストーリーを疑似体験させるのです。そのうえで、全員で議論し、論文を書くのです。
「今でも人種差別はあると思うか」「人種差別は人間の本能がもたらすものなのか、それとも環境の産物なのか」「どうすれば人種差別をなくせるか」「そのために何をすればよいか」——このように、徹底的に、打ち手までを考えさせられました。つまり、授業を通じて問題解決能力が身につくようになっていたのです。
　国際人として必要な資質は、語学というより、むしろこのような思考の総合力——このように、問題を解決する方法まで考え抜き、実

際に行動に移す姿勢——にあることを知り、衝撃を受けました。そこで、イェール大学進学後も、経済学から心理学まで幅広い学問を学び、教養の幅を広げながら、こうした考え方を磨いていきました。

大学卒業後、マッキンゼーに入社し、初めてこれが「問題解決能力」(Problem Solving Skill) と称されていることを知りました。これは企業戦略のみならず、ビル・ゲイツ夫妻の慈善財団で撲滅すべき疾病の優先順位をつける際にも、U2のボノがアフリカ貧困問題に取り組む際にも、また、アメリカ同時多発テロ（9・11）以降の危機により効果的に対応する方法を考える際にも使われています。

マッキンゼーでは問題解決能力というものを構造化しており、体系的なトレーニングを受けることができました。実際のビジネスにおおいに役立ったことはもちろんのこと、マッキンゼーのニューヨークオフィスで働いていたときには、多様な国籍・バックグラウンドを持つ人々と議論し、コミュニケーションをとる際にも欠かせないものでした。

問題解決能力は、一度本を読んだだけで身につくものではありません。「理解できること」と「使いこなせること」の間には多大なギ

ャップがあります。実際にさまざまな問題に遭遇し、あきらめずに何度も解いてみることで、徐々に身についていくのです。

　とはいえ、日常生活のちょっとしたことでも、きっかけをつくることは可能です。たとえば、食卓を囲んでいる時に何か疑問が浮かんだら、あるいはニュースを一緒に見ている時など、「どうしてそう思うのか」「何が問題なのか」「原因はどこにあるか」「どうすれば解決できるか」などを話し合うことも、考え抜く力を養うきっかけになるでしょう。ご家庭で、またクラスルームで、楽しみながら取り組んでいただけたらと思います。

　世界に先駆けて日本全国でこのような教育が広がれば、個々人の潜在的な力をもっと引き出すことができるのではないかと思います。それはいずれ、「主体的に考え、行動する人材」「世界で活躍する人材」の輩出につながるでしょう。

　これまでも、自ら学び、考え、解決する力の大切さや、学び方、ものの考え方を身につけさせることの必要性は論じられてきましたが、これ以上「必要性そのもの」を論じるよりも、行動に移すべき時かと思います。具体的なプログラムを作成し、実際に現場で教えながら

改良をしていくことで、一歩でも前に進めるのではないかと考え、この本を執筆すると同時に教育事業を立ち上げました。

　今後も、政界、財界、教育界の方々とも議論を重ね、このような教育を導入するために働きかけていきたいと考えております。

　問題解決キッズが一人でも多く育つことを祈って。

　　　2007年6月

　　　　　　　　　　　　　　　　　　　　　　　　　渡辺健介

謝辞

　この本を書くに至って、多くの方々にお世話になりました。まずは、私がマッキンゼーに在職していたころから「子供のころから問題解決能力を教育する必要性」に関して共感してくださり、記事や本などを執筆する機会をくださった平野正雄元東京支社長。いつもご多忙の中、人生相談に乗ってくださる横山禎徳元東京支社長。中学生と小学生のお子様の母親という観点から貴重なアドバイスをくださった川本裕子さん。インタビューにご協力いただいた数多くの中学生の皆様、教師の皆様、ご父母の皆様。模擬授業に参加してくださった皆様。原稿を読んで感想をくださった皆様。出版社のスタッフやイラストレーターの方々。そして、家族、友人を含めサポートをしてくださった数多くの皆様に深くお礼を申し上げます。

[著者略歴]

渡辺健介
わたなべ・けんすけ

デルタスタジオ 代表取締役社長
1999年イェール大学卒業（経済専攻）、マッキンゼー・アンド・カンパニー東京オフィスに入社。ハーバード・ビジネススクールに留学後、マッキンゼー・アンド・カンパニーニューヨークオフィスへ移籍。2007年に同社を退社し、デルタスタジオを設立。著書の『世界一やさしい問題解決の授業』は25カ国、15言語以上で発売の世界的ベストセラー。

[会社概要]

デルタスタジオ

delta studio

"Ignite dreams. Empower challengers." をミッションとして掲げ、21世紀にイキイキと活躍する人材を育成している。企業・官庁向けに経営コンサルティングや研修を提供し、子供向けには "夢と才能に火をつける" 21世紀型教育プログラムを開発・展開。詳しくは下記ホームページまで。

◉デルタスタジオ　　http://whatisyourdelta.com

世界一やさしい
問題解決の授業

2007年 6月28日　第 1 刷発行
2019年 7月31日　第35刷発行

● 著者　　　　　　　渡辺健介
● 発行所　　　　　　ダイヤモンド社
　　　　　　　　　　〒150-8409　東京都渋谷区神宮前6-12-17
　　　　　　　　　　http：//www.diamond.co.jp
　　　　　　　　　　電話　03-5778-7234（編集）　03-5778-7240（販売）
● 装丁・本文デザイン　遠藤陽一（DESIGN WORKSHOP JIN, Inc.）
● 装画・本文イラスト　matsu（マツモト ナオコ）http://matsu.petit.cc/
● 製作・進行　　　　ダイヤモンド・グラフィック社
● 印刷　　　　　　　加藤文明社
● 製本　　　　　　　ブックアート
● 編集担当　　　　　前澤ひろみ

©2007 Kensuke Watanabe
ISBN 978-4-478-00049-6
落丁・乱丁本はお手数ですが小社営業局宛にお送りください。
送料小社負担にてお取替えいたします。但し、古書店で購入されたものについては
お取替えできません。
無断転載・複製を禁ず
Printed in Japan

好評発売中

シリーズ第2弾!
世界一やさしい 右脳型 問題解決の授業

クリエイティブに解決!
これからの時代に必要な
右脳型問題解決の考え方を、
中高生にもわかるように解説

渡辺健介 [著]
定価(本体1200円＋税)

人生に必要なことは、すべてこの一冊に入っている
自分の答えの つくりかた

世間の常識に流されずに、
考え抜き、行動する力、
自分の力で生きる力を
身につける

渡辺健介 [著]
定価(本体1600円＋税)

http://www.diamond.co.jp/